Gerhart Hauptmann

Vor Sonnenaufgang

von Dieter Martin

Schroedel Interpretationen Band 37

Druck A 2 / Jahr 2014

Redaktion: Dr. Hans-Georg Schede
Reihentypografie: Thomas Schröder, Braunschweig
Satz: Ira Petersohn, Ellerbek
Repro und Druck: westermann druck GmbH, Braunschweig
Titelbild: Julia Jentsch als Helene und Peter Brombacher als Bauerngutsbesitzer Krause in Thomas Ostermeiers Inszenierung von Gerhart Hauptmanns »Vor Sonnenaufgang« an den Münchner Kammerspielen (Premiere am 31. Mai 2005). Foto: © Andreas Pohlmann, München

ISBN 978-3-507-47733-9

Einführung

Mit Gerhart Hauptmanns sozialem Drama *Vor Sonnenaufgang* gelang dem literarischen Naturalismus der Durchbruch auf dem deutschen Theater. Die Uraufführung, die vom ›Verein Freie Bühne‹ veranstaltet wurde und am 20. Oktober 1889 im Berliner Lessingtheater stattfand, mündete in einen epochemachenden Theaterskandal. Während sich die Hüter des ›guten Geschmacks‹ und der literarischen Tradition heftig provoziert fühlten und in Hauptmanns Stück nur den Niedergang der dramatischen Kunst erkennen wollten und konnten, feierten die Vertreter des ästhetischen Fortschritts die Premiere als zukunftsweisendes Ereignis. Schon den Zeitgenossen galt *Vor Sonnenaufgang* als das erste deutsche Drama, in dem das naturalistische Programm, die soziale Realität der eigenen Zeit kritisch zu analysieren und ungeschönt darzustellen, bühnenwirksam umgesetzt war.

Hauptmanns dramatische Gesellschaftsanalyse erneuerte das Theater sowohl thematisch wie stilistisch. Das Stück bringt mit seinen Themen – Alkoholismus und Zerfall familiärer Bindungen als Folgen eines ungebremsten wirtschaftlich-kapitalistischen Fortschritts – ›soziale Fragen‹ auf die Bühne, die im ausgehenden 19. Jahrhundert die öffentliche Debatte bestimmt und bis heute nur wenig an Brisanz verloren haben. Entschieden modern wirkt *Vor Sonnenaufgang* vor allem auch durch Sprache und Stil: Mit Stücken wie diesem öffnete sich das Drama dem Dialekt und der Umgangssprache, die seitdem aus dem Theater der Moderne nicht mehr wegzudenken sind.

Um ein historisch fundiertes Verständnis des Stücks zu ermöglichen, informiert dieses Buch im ersten Kapitel über Hauptmanns Leben und Werk, die Entstehung von *Vor Sonnenaufgang* sowie die zeitgeschichtlichen, wirtschaftlichen und politischen Hintergründe, auf die sich das Drama bezieht.

Das zweite Kapitel enthält eine genaue Inhaltsangabe, welche die Handlung zusammenfasst, die dargestellten Konflikte detailliert aufschlüsselt und auch die zum Teil in schwer verständlichem Dialekt gehaltenen Gespräche paraphrasiert.

Im dritten Kapitel (»Analyse und Deutung«) wird zunächst die Form des Dramas untersucht, um Hauptmanns Gestaltung des Zeitverlaufs, der Handlungsorte sowie der Dialogführung angemessen zu würdigen und die spezifische Modernität seiner dramatischen Techniken herauszuarbeiten. Die Figuren des Stücks, die der Dichter sehr differenziert charakterisiert und zum Teil mit ausführlichen Vorgeschichten versieht, werden genau analysiert, um die Motive ihres Handelns offenzulegen. Schließlich wird die sozialkritische Perspektive des Stücks vor dem Hintergrund zeitgenössischer Debatten über Milieu und Vererbung behandelt. In exemplarischen Interpretationen (Kapitel IV) wird erstens Hauptmanns Einsatz vielfältiger Sprachregister anhand einer konfliktträchtigen Szene aus dem ersten Akt vorgestellt; zweitens wird der Aussagegehalt eines umstrittenen ›Literaturgesprächs‹ aus dem zweiten Akt ermittelt; und drittens wird die Darstellungsweise der Schlussszene untersucht.

Die »Literaturgeschichtliche Einordnung« stellt *Vor Sonnenaufgang* vor den Hintergrund der dramatischen Tradition und in den Epochenzusammenhang des europäischen Naturalismus. Im letzten Kapitel (»Rezeption«) wird anhand zeitgenössischer Quellen die große Wirkung dokumentiert, die das Drama vor allem auf seine Zeitgenossen hatte.

Die Auswahlbibliographie mag zu weiterer Beschäftigung mit Hauptmanns *Vor Sonnenaufgang* anregen und weist die Quellen der mit Kürzeln versehenen Zitate nach. Aus dem Stück selbst wird durch Angabe der Seitenzahl nach der ebenfalls in der Bibliographie genannten Ausgabe zitiert.

I Biographische und zeitgeschichtliche Einflüsse

1 Biographischer Zusammenhang

Der Aufstieg zum modernen Klassiker und Träger des Nobelpreises für Literatur, der dem Fünfzigjährigen Ende 1912 »in Anerkennung seiner reichen, vielseitigen, hervorragenden Thätigkeit besonders im Gebiete der dramatischen Dichtung« verliehen wurde (Sprengel: Biographie, S. 440), war Gerhart Hauptmann keineswegs in die Wiege gelegt. Geboren wurde er am 15. November 1862 im schlesischen Kurort Ober-Salzbrunn. Seine Eltern Robert Hauptmann (1824–1898) und Marie Hauptmann (1827–1906), die vor ihrem jüngsten Sohn Gerhart bereits dessen ältere Geschwister Georg (1853–1899), Johanna (genannt Lotte, 1856–1943) und Carl (1858–1921) in die Welt gesetzt hatten, betrieben dort das Hotel ›Zur Krone‹ (nach der Reichsgründung von 1870/71 umbenannt in ›Preußische Krone‹). Die Mutter stammte aus einer gut situierten Beamtenfamilie, der Vater war ihr als Abkömmling einer Gastwirtsfamilie und gelernter Weinkaufmann sozial unterlegen. Daraus ergaben sich Spannungen zwischen den Eltern. Die Mutter fügte sich aber in ihre Rolle und engagierte sich im Laufe der Jahre stark in dem gastronomischen Unternehmen, das in den unruhigen Zeiten von Gerharts Kindheit einige Krisen durchlief und das Auskommen der Familie mal besser, mal schlechter sicherte.

Im offenen elterlichen Haus, dessen sommerlicher Kurbetrieb den Kindern viele Freiheiten ließ, konnte der jüngste Sohn verschiedene Facetten des gesellschaftlichen Lebens kennenlernen: vom russisch-polnischen Adel, der in den repräsentativen Sälen des Hotels gesellige Zerstreuung suchte, über bürgerliche Gäste, deren Räume die Familie während der winterlichen Schließzeiten nutzte, bis hinab zu den Kutschern und Knechten, deren einfache Sitten der Knabe im Erdgeschoss und auf der Straße miterlebte. An Eindrücken und Anregungen für die empfängliche Phantasie Gerharts war somit kein Mangel. Eine gründliche literarisch-kulturelle Bildung, wie sie viele Dichter der Zeit genossen haben, bot Hauptmanns Elternhaus aber nicht. Immerhin ließ man dem Jungen private Lateinstunden geben, um ihm nach dem Besuch der Evangelischen Schule in Salzbrunn den Zugang zu einer höheren Bildungsanstalt zu ermöglichen. Wie schon sein Bruder Carl zuvor wurde auch Gerhart Hauptmann 1874 in die schlesische Provinzhauptstadt Breslau geschickt, lebte dort in dürftigen Schülerpensionen und wurde an der Städtischen Realschule unterrichtet, wo neben dem obligatorischen Latein auch moderne Fremdsprachen und Naturwissenschaften auf dem Lehrplan standen. Ohne ein völliger Versager zu sein, hat der Schüler, der in Breslau frühe eigene Dichtungen verfasste und das Theater für sich entdeckte, die erste Realschulklasse wiederholt und die Lernziele danach jeweils nur knapp erreicht.

Es folgten Jahre der Unsicherheit, der schwankenden Entschlüsse, der wechselnden Lebensentwürfe. Eine Landwirtschaftslehre auf dem Gut eines Onkels brach der den körperlichen Anstrengungen nicht gewachsene Jugendliche im Herbst 1879 ab. Um den anstehenden dreijährigen Wehrdienst zu umgehen und in den Genuss der verkürzten Militärzeit für Absolventen höherer Bildungsstufen zu gelangen, bereitete Hauptmann sich privat (und erfolglos) auf das sogenannte ›Einjährigen-Examen‹ vor. Sozialen Halt fand er in dieser Zeit vor allem bei seinem Bruder Carl und dessen Schulfreund Alfred Ploetz, der für ihn lebenslang eine wichtige Bezugsperson blieb. Obgleich er ein germanisierendes Epos über Her-

Gerhart Hauptmann (1862 bis 1946). Porträtaufnahme aus dem Jahr 1890.

mann den Cherusker und Gedichte im Ton der mittelalterlichen Minnelyrik verfasste, meinte Hauptmann, die bildende Kunst sei sein eigentliches Metier, und schrieb sich im Oktober 1880 an der Kunst- und Gewerbeschule Breslau ein. Von einem zielstrebig verfolgten Studium kann aber keine Rede sein. Schon im Januar 1881 kam die Nachricht, »weder Ihr Stundenbesuch, noch Ihr Fleiß und auch nicht Ihr Betragen« lasse einen weiteren »Besuch der Königl. Kunstschule räthlich« erscheinen (Sprengel: Biographie, S. 54). Zwar wurde der Verwiesene, ausgerechnet durch die Rezitation seiner epischen Dichtung, rehabilitiert und wieder zum Unterricht zugelassen, doch brach er die Kunstausbildung 1882 aus freien Stücken ab. Zwischenzeitlich hatten sich andere Lebensperspektiven ergeben, und diesmal war sein ältester Bruder Georg der Vorreiter gewesen. Dieser hatte Adele Thienemann, die Tochter eines reichen Wollgroßhändlers, kennengelernt und – da deren Vater, der nur finanziell bestens gestellte Schwiegersöhne akzeptiert hätte, 1880 starb – im September 1881 heiraten können. Carl Hauptmann zog alsbald nach und verlobte sich mit Adeles Schwester Martha. Und auch Marie Thienemann (1860–1914) fand ihren Hauptmann: Gerhart, der zum Polterabend seines ältesten Bruders ein Festspiel dichtete und wenige Tage nach dessen Hochzeit »die entscheidende Frage« an Marie richtete (CA VII, S. 857). Wiederum auf den Spuren des Bruders Carl ließ sich Gerhart, in den kommenden Jahren von der Braut finanziell großzügigst unterstützt, in Jena nieder und erreichte dort, obwohl ihm das Abitur fehlte, die außerordentliche Zulassung »für das Studium der Geschichte, insbesondere auch der Literatur- und Kunstgeschichte« (Sprengel: Biographie, S. 66). Schon im Folgejahr 1883 brach Hauptmann aber nach Italien auf, um Kunst und Architektur aus erster Hand zu studieren, und lebte sechs Monate bohemeartig als Bildhauer in Rom. Damals verfolgte Pläne, sich an Alfred Ploetz' sozialutopischem Auswanderungsprojekt ›Pacific‹ zu beteiligen, verliefen ebenso im Sande wie ein anschließendes neuerliches Studium in Berlin.

In den nächsten Jahren wurde die sozial, wirtschaftlich und künstlerisch dynamische Großstadt Berlin für Hauptmann zu einem Lebens- und Wirkungszentrum, ohne das ihm der Durchbruch als Dichter kaum so rasch gelungen wäre. Zwar erwies sich die nach der Eheschließung im Mai 1885 bezogene Wohnung in Moabit als gesundheitlich nicht zuträglich: Das »Gespenst des Bluthustens« (CA VII, S. 1028) gab keine Ruhe. Daher wurde eine Villa in Erkner angemietet, einer durch die Stadtbahn an Berlin angebundenen Ortschaft. Die vier Jahre dort waren eine vergleichsweise ruhige Station – unterbrochen durch einen mehrmonatigen Aufenthalt in Zürich, wo Hauptmann den exilierten Freund Ploetz wiedertraf und den Psychiater Auguste Forel sowie den späteren

Ich bin 22 Jahr alt u in hiesiger Universität immatriculiert, auf Grund einer Ausnahmebestimmung, da ich ein Abiturientenexamen nicht gemacht habe. Ich habe ein Leben hinter mir welches ein oberflächlicher Beurteiler unregelmäßig nennen würde, das aber einen um so bestimmteren Gang genommen hat. Nachdem man vergebens versucht mich in die Schulform einzupressen die ja bekanntlich für Klein u Gross dieselbe ist wurde ich in Folge der Quälerei elend. Ich mußte aufs Land, wo mit der Gesundheit die Urtheilskraft u der Hass gegen allen sinnlosen kurzsichtigen Zwang, sich einstellte. Die bewußte Opposition mit all ihren Qualen u Freuden begann. Einmal herausgehoben aus dem traditionellen Entwickelungsgange kam ich nie wieder hinein. [...]

Ich verhehle mir nicht, dass nur ein selbständiger Entwickelungsgang zu grossen Resultaten führen kann, aber Ihnen gegenüber ist es auch nicht nöthig zu bemerken, dass er an Leiden Kämpfen u Enttäuschungen unendlich viel reicher ist als der andere. Kämpfe nun freilich wieder sind welke Blumen aus denen man Gift zieht, woraus das Genie Arzenei zu machen versteht – u nun bin ich bei dem Punkte: Ich glaube ich bin ein Genie.

Gerhart Hauptmann aus Berlin an den berühmten dänischen Literaturkritiker Georg Brandes, Brief vom 19. Februar 1885 (Bohnen, S. 59).

Skandalautor Frank Wedekind kennenlernte. In Erkner wurden die drei Söhne Ivo (1886–1973), Eckart (1887–1980) und Klaus (1889–1967) geboren, und dort entstanden die ersten Dichtungen, mit denen Gerhart Hauptmann in der literarischen Welt wahrgenommen wurde: die ›novellistische Studie‹ *Bahnwärter Thiel* und das ›soziale Drama‹ *Vor Sonnenaufgang*, auf dessen Entstehung unten eingegangen wird.

Hauptmanns erste Berliner Jahre waren nicht nur geprägt von häufigen Theaterbesuchen, sondern vor allem von intensiven Kontakten zu den Mitgliedern des literarischen Vereins ›Durch!‹. Hier traf Hauptmann auf die Beiträger einer 1885 gedruckten Lyriksammlung mit dem programmatischen Titel *Moderne Dichter-Charaktere*, auf den Literaturtheoretiker Wilhelm Bölsche (1861–1939), einen Anhänger Darwins, der 1887 seine viel beachtete Abhandlung über *Die naturwissenschaftlichen Grundlagen der Poesie* veröffentlichte, und auf Arno Holz (1863–1929), der um 1890 zum experimentierfreudigsten Dichter des Berliner Naturalismus wurde. In dieser produktiv anregenden Atmosphäre schuf Hauptmann, der 1889 mit seiner Familie von Erkner nach Charlottenburg umzog, nach seinen Pionierwerken weitere soziale Dramen wie *Das Friedensfest. Eine Familienkatastrophe in drei Akten* (1890) und *Einsame Menschen* (1891). In dem Schauspiel *Die Weber* (1893) behandelte er dann ein historisches Thema (den schlesischen Weberaufstand von 1844) mit politischem Zündstoff für die Gegenwart, und in der Komödie *Der Biberpelz* (ebenfalls 1893) bekundete er unverhohlen Sympathie mit den Unterprivilegierten, die sich geschickt gegen die bornierte Obrigkeit behaupten. Ohne unmittelbar parteipolitisch aktiv zu werden, erwarb sich Hauptmann durch seine Theaterstücke bald den Ruf eines Regimekritikers: Die öffentliche Aufführung der *Weber* im Deutschen Theater Berlin quittierte Kaiser Wilhelm II. mit der Kündigung seines Abonnements; gegen die Verleihung des Schiller-Preises, den Hauptmann 1896 für seine (sozialpolitisch vergleichsweise harmlose) ›Traumdichtung‹ *Hanneles Himmelfahrt* erhalten sollte, legte der Kaiser sein Veto ein; und noch 1913 wurde ein Festspiel Hauptmanns zur Hundertjahrfeier der Befreiungskriege, das humanitär-pazifistische Töne in den nationalen Jubel mischte, auf Betreiben des Herrscherhauses abgesetzt. Dem wachsenden Ruhm des Dichters konnte dies aber keinen Abbruch tun. Hauptmann erhielt 1896 erstmals den renommierten Grillparzer-Preis, seine Stücke wurden international aufgeführt und der Dichter wurde noch vor der Verleihung des Nobelpreises mehrfach zum Ehrendoktor ernannt.

Während seines steilen Aufstiegs zum weltweit anerkannten Dichter verlief auch Hauptmanns Leben durchaus turbulent. Im letzten Jahr in Erkner hatte er die damals erst 14-jährige Margarete Marschalk (1875–1957) kennengelernt, die Ende 1893 seine Geliebte wurde. Trotz mehrerer Versuche, die Beziehung zu seiner Frau wieder zu festigen, war die Ehe nicht mehr zu retten, wurde aber erst 1904 geschieden, um den Weg für die noch im gleichen Jahr erfolgende Heirat mit Margarete zu öffnen. Bereits seit 1900 hatte das Paar einen Sohn, Benvenuto (1900–1965), und seit 1901 bewohnte Hauptmann mit Mutter und Kind ein herrschaftliches Anwesen in Agnetendorf im Riesengebirge. Wie Hauptmann mit seiner zweiten Frau eine – abgesehen von einer bald nach der Eheschließung mit einer jungen Schauspielerin durchlebten Affäre – stabile Partnerschaft gefunden hat, so bot ihm Haus Wiesenstein in Agnetendorf ein ruhiges Refugium, in das er sich ebenso gerne zurückzog wie auf die in den Sommermonaten immer wieder besuchte Ostseeinsel Hiddensee bei Rügen.

Schon während seiner frühen Schaffensphase war Hauptmann keineswegs ganz auf gesellschaftliche Themen der Gegenwart festgelegt, sondern hat auch märchenhafte Stoffe dramatisiert (darunter mit *Die versunkene Glocke* von 1896 sein damals meistgespieltes Stück), phantastisch-religiöse Motive behandelt und Fragen des Künstlertums thematisiert: *Michael Kramer* von 1900 zeigt ein künstlerisches Genie, das im Selbstmord endet, und *Die Ratten*, in denen Hauptmann 1911 eine Summe seines Schaffens bis zu diesem Zeitpunkt gelungen ist, verbinden im Mikrokosmos eines Berliner Mietshauses das soziale Drama der Familie John mit den Kämpfen um die wahre Schauspielkunst, die ein abgewirtschafteter Theaterdirektor mit seinen Schülern ausficht. Wie in den *Ratten* weder der starre, an der deutschen Klassik orientierte Traditionalismus Hassenreuters noch die stürmerisch-drängende Genialität des jungen Spitta alleinige Geltung für sich beanspruchen dürfen, so schwankte auch Hauptmann in seinen späteren Jahren zwischen den ästhetischen und politischen Fronten.

Den Ersten Weltkrieg hat Hauptmann, wie viele seiner Zeitgenossen, 1914 zunächst öffentlich gerechtfertigt, sich bald aber eines Anderen besonnen und im November 1918 die Republik begrüßt. Ob er 1921 tatsächlich mit dem Gedanken spielte, bei der Wahl des Reichspräsidenten zu kandidieren, bleibt ungewiss. Auch für das Amt des Reichskanzlers der Weimarer Republik soll Hauptmann ernsthaft im Gespräch gewesen sein. Gewiss aber konnte er 1932, als er mit *Vor Sonnenuntergang* ein ›Schwesterwerk‹ zu seinem naturalistischen Erstling vorlegte, schon als moderner Klassiker gelten: Dass Hauptmanns 70. Geburtstag, zu dem ihm unter vielen anderen nationalen und internationalen Ehrungen der Goethe-Preis der Stadt Frankfurt verliehen wurde, mit Goethes 100. Todestag zusammenfiel, wurde gerne als Zeichen für eine geheime Verbindung der beiden ›Dichterfürsten‹ gesehen. Tatsächlich hat sich Hauptmann mit zunehmendem Alter immer stärker nach Goethe stilisiert, dessen Rolle er in einem repräsentativen Goethe-Film spielen sollte, und sich in seinem Spätwerk an dem Weimarer Klassiker gemessen: Wie Goethe mit *Iphigenie auf Tauris* das antike Schauspiel zeitgemäß erneuerte, so schuf Hauptmann, der schon nach einer Griechenlandreise das mythologische Schauspiel *Der Bogen des Odysseus* (1914) verfasst hatte, in den 1940er-Jahren eine ganze Reihe von Dramen über das düstere Schicksal von Iphigenies verfluchter Familie (*Iphigenie in Delphi; Iphigenie in Aulis; Agamemnons Tod; Orestie. Elektra*). Während diese Werke sicher nicht als Huldigung gegenüber Hitlers Gewaltregime, sondern eher als Kritik an dessen barbarischer Menschenverachtung zu verstehen sind, hielt Hauptmann als Person keineswegs immer Abstand zu den Machthabern der NS-Zeit. Trotz innerer Distanz erklärte er 1933 öffentlich seine Loyalität zu Hitler und ließ sich, durch sein weltweites Ansehen vor Verfolgung und Verbot seiner von den Nationalsozialisten skeptisch beäugten Werke geschützt, noch während des Zweiten Weltkriegs als repräsentativer deutscher Dichter feiern.

In der Nachkriegszeit hat Hauptmann alles getan, um in seiner schlesischen Heimat bleiben zu dürfen. Durch seinen Tod am 6. Juni 1946 entging er der von den polnischen Behörden verfügten Ausweisung aller Deutschen ebenso wie der persönlichen Indienstnahme für den Aufbau der Deutschen Demokratischen Republik. Es folgte ein unwürdiges Gezerre um seinen Leichnam, der erst knapp zwei Monate nach Hauptmanns Tod überführt und auf der Insel Hiddensee bestattet wurde: am 28. Juli 1946, vor Sonnenaufgang.

2 Zeitgeschichtlicher Hintergrund

Anders als in Dramentexten üblich, benennt Hauptmann die Zeit, in der die Handlung seines Stücks *Vor Sonnenaufgang* spielt, nicht ausdrücklich: Der für die Zeitangabe gebräuchliche Platz unter dem Personenverzeichnis bleibt leer. Doch wird aus dem Text des Schauspiels selbst deutlich, dass der Dichter den Stoff für sein ›Soziales Drama‹ keinesfalls historisch vage lassen wollte oder aus der fernen Vergangenheit genommen hat. Vielmehr spielt das Drama in der Gegenwart der Entstehungszeit von 1889. Die Kohleförderung unter den Feldern der in einem schlesischen Dorf lebenden Bauernfamilie und der für den Transport des Rohstoffs notwendige Bau einer Eisenbahnlinie, über die Loth mit seinem früheren Schulfreund Hoffmann spricht (vgl. S. 17 f.), zeigen an, dass der damals höchst aktuelle »Einbruch des Kohlenzeitalters in die dörfliche Existenz mit all seinen gefährlichen und häßlichen Begleiterscheinungen« (Behl, S. 45) den zeitgeschichtlichen Rahmen der Dramenhandlung bildet. Genauer noch in die 1880er-Jahre zu datieren ist die Handlungszeit durch die Rückschau der einstigen Freunde auf gemeinsame Auswanderungspläne und auf Loths politisches Engagement (vgl. besonders S. 12–15), das aufgrund der seinerzeit geltenden ›Sozialistengesetze‹ illegal war.

Die wirtschaftlichen, sozialen und politischen Hintergründe, die für das Verständnis des Dramas bedeutsam sind und aus denen heraus es seine gesellschaftliche Relevanz erhält, lassen sich unter den Schlagworten ›Industrialisierung‹ und ›Reichsgründung‹ bündeln (zum Folgenden vergleiche die eingehende Darstellung bei Sprengel: Arbeitsbuch, S. 15–35). Mehr als alle politischen Entwicklungen hat in der zweiten Hälfte des 19. Jahrhunderts der grundlegende Umsturz wirtschaftlicher Produktionsprozesse die Lebensweise der deutschen Bevölkerung verändert: Deutschland wurde vom Agrar- zum Industriestaat. In den Jahren um 1890, als Hauptmann seine ersten naturalistischen Werke schrieb, überstieg erstmals die Zahl der in Fabriken beschäftigten Arbeiter die der in der Landwirtschaft tätigen Bauern und Knechte. Ebenso wurde in dieser Zeit erstmals (und seitdem dauerhaft) in der Industrie ein höherer Warenwert erwirtschaftet als in bäuerlicher Produktion. Einschneidende soziale Veränderungen gingen damit einher. Die Städte schwollen enorm an: Hatten um 1870 nur knapp fünf Prozent der Deutschen in Großstädten gelebt, waren es 1910 schon über zwanzig Prozent. Neben Berlin, das seine Einwohnerzahl in wenigen Jahrzehnten glatt verdoppelte, erlebten vor allem die dynamisch wachsenden Industriestädte im Ruhrgebiet eine gewaltige Zuwanderung aus dem Osten des Reichs.

Eine derartig massive, weitgehend ungesteuerte Binnenmigration musste die Wohn- und Lebensbedingungen in den Städten extrem verschärfen. Obschon vielköpfige Arbeiterfamilien in schlechten hygienischen Umständen auf engstem Raum zusammenlebten, reichte das vom Vater in langen Produktionsschichten erworbene Einkommen oft nicht für den Lebensunterhalt aus, sodass die Zuarbeit von (deutlich schlechter bezahlten) Frauen und Jugendlichen die Regel war. Alfred Loths Skizze unwürdiger, gesundheitlich ruinöser Arbeitsbedingungen in einer »Seifenfabrik« (vgl. S. 55 f.) – neben der Eisen- und Stahlfertigung war die auf der modernen Naturwissenschaft beruhende chemische Industrie wesentlicher Motor des wirtschaftlichen Aufschwungs – dürfte ein realistisches Abbild damaliger Zustände sein. Dass Hauptmann die Auswüchse des Kapitalismus und den unmenschlichen Druck, unter dem die Industriearbeiter litten, aufmerksam verfolgte, belegen mehrere einschlägige Zeitungsartikel, die er in sein Tagebuch der Jahre 1889 bis 1891 eingeklebt hat (vergleiche Notiz-Kalender, S. 49–53, 88–91 und 92–96; ein Beispiel bietet die Abbildung auf der folgenden Seite); und dass ihn besonders auch die mittelbaren Wirkungen der industriellen Revolution, welche die traditionellen ländlichen Familienstrukturen zerstörte, indem sie die bäuerliche Produktion durch abhängige Lohnarbeit ersetzte, lebhaft interessierten, zeigt in aller Deutlichkeit sein Drama *Vor Sonnenaufgang*.

Politisch getragen wurde die gesellschaftliche Ordnung, die kapitalistische Profiteure vom Schlage des Ingenieurs Hoffmann aus Hauptmanns Drama einseitig bevorzugte, durch das weitgehend konservativ und wirtschaftsliberal ausgerichtete Regime unter Wilhelm I. (Deutscher Kaiser 1871–1888) und Reichskanzler Otto von Bismarck (Amtszeit 1871–1890). Das 1871 nach dem militärischen Sieg über Frank-

Deutsches Reich.

* **Aus Schlesien,** 6. Juni. Nachdem der Ausstand der Bergleute im oberschlesischen Industriebezirk vollständig beendet ist, schildert die „Königshütter Zeitung" das Verhältniß der Arbeiter zu ihren nächsten Vorgesetzten, also den Aufsehern und technischen Unterbeamten. Dies Verhältniß, schreibt genanntes Blatt, ist ein recht wunder Punkt des gesellschaftlichen Lebens dieser Menschenkategorien in Oberschlesien. Die Behandlung des oberschlesischen Arbeiters seitens seines im Beamtenverhältniß stehenden Arbeitgebers ist durchgehends, fast ausnahmlos, eine menschenunwürdige. Verfluchter Lump, Lausekerl, Donnerwetter und ähnliche Ausdrücke werden bei der geringsten Gelegenheit dem Arbeiter gegenüber gebraucht und nicht selten wird auch die Prügelstrafe angewendet, die der Arbeiter, der vielleicht Frau und Kinder oder einen alten Vater oder Mutter zu ernähren hat, still über sich ergehen läßt. Der Unterbeamte glaubt durch sein, wie er meint, energisches, wie wir aber meinen, ganz rohes Benehmen höheren Orts sich recht beliebt zu machen; der Arbeiter aber fühlt sich zum Industrie-Sklaven degradirt und lebt in einer beständigen inneren Gährung, die zu Zeiten sich in Ausschreitungen Luft macht, wenn der Alkohol die nöthige Courage gegeben. Selbstredend stehen die Arbeitgeber dann in gewisser Hinsicht in gar keiner Verbindung mit den Arbeitern und ein Strike ist dann für sie ein Blitz aus heiterem Himmel. Der Kaiser hat in seiner so hochinteressanten Ansprache an die Arbeitgeber dies auch zur Sprache gebracht. Wie wirklich gebildete Leute über die Behandlung der Arbeiter seitens der Unterbeamten denken, möge man aus nachstehender wahrheitsgetreuer Schilderung eines Vorkommnisses ersehen. Beim Ausbruch des oberschlesischen Arbeiterausstandes war eine Kompagnie Militär auf eine Grube kommandirt und im Zechenhause einlogirt worden. Während des „Aufschreibens" verließen die Soldaten das Zechenhaus und machten den Bergleuten Platz. Der Kompagnieführer aber, den die Sache interessirte, wohnte einige Male, ungesehen von den Unterbeamten, dem Aufschreiben bei. Als er einige Tage darauf zum Bergwerksdirektor zum Diner geladen war, wurde über Verschiedenes, auch über den Zweck der militärischen Besatzung auf der Grube, gesprochen. Der Kompagnieführer, ein braver, ehrlicher Mann, konnte nicht umhin, dem Gastgeber sein Befremden über die rohe Behandlung der Bergleute seitens ihrer direkten Vorgesetzten, deren Zeuge er mehrere Male gewesen, auszusprechen. Er fügte sogar hinzu, daß es ihm scheine, als ob die Arbeiter, die sich

Anfang eines von Hauptmann in seinen Notiz-Kalender eingeklebten Artikels aus der »Frankfurter Zeitung« vom 6. Juni 1889.

reich gegründete Deutsche Reich war ganz und gar preußisch dominiert: Der preußische König war zugleich deutscher Kaiser und hatte große, von der Verfassung verbürgte Rechte. Militärische Führung und höhere Beamtenschaft blieben in der Hand des Adels. Der Reichstag als gewählte Volksvertretung durfte zwar Gesetze einbringen und den Haushalt kontrollieren, von einem demokratisch legitimierten und auf dem Prinzip der ›Gewaltenteilung‹ beruhenden Staatswesen konnte aber keine Rede sein. Die die Stabilisierung der Machtverhältnisse betreibende Staatsführung konnte allerdings die immer drängender werdenden ›sozialen Fragen‹ der Gegenwart und die von den Folgen der Industrialisierung ausgelöste Mobilisierung breiterer Gesellschaftsschichten nicht ignorieren: Die 1875 gegründete ›Sozialistische Arbeiterpartei Deutschlands‹, die seit 1890 ihren heutigen Namen ›Sozialdemokratische Partei Deutschlands‹ trägt, war das größte politische Sammelbecken der Regierungskritiker. Zugleich entwickelten sich die in jenen Jahren gegründeten Gewerkschaften rasch zu Massenorganisationen, die bis zum Ersten Weltkrieg weit über zwei Millionen Mitglieder vertraten.

Um den politischen Einfluss der Arbeiterbewegung zu begrenzen und ihren Nährboden auszutrocknen, verfolgte Bismarck eine »Doppelstrategie« (Sprengel: Arbeitsbuch, S. 29): Im Jahre 1878 boten ihm Attentate auf den Kaiser den Anlass, ein bis 1890 gültig gebliebenes »Gesetz gegen die gemeingefährlichen Bestrebungen der Sozialdemokratie« durch den Reichstag zu bringen, das kurz als ›Sozialistengesetz‹ bezeichnet wurde und sich gegen »Vereine« richtete, »welche durch sozialdemokratische, sozialistische und kommunistische Bestrebungen den Umsturz der bestehenden Staats- oder Gesellschaftsordnung bezwecken« (vgl. die Abbildung auf der folgenden Seite). Hauptmann selbst kam 1887 in unmittelbare Berührung mit diesem Instrument des Regimes, als er im

— 351 —

Reichs-Gesetzblatt.

№ 34.

Inhalt: Gesetz gegen die gemeingefährlichen Bestrebungen der Sozialdemokratie. S. 351.

(Nr. 1271.) Gesetz gegen die gemeingefährlichen Bestrebungen der Sozialdemokratie. Vom 21. Oktober 1878.

Wir Wilhelm, von Gottes Gnaden Deutscher Kaiser, König von Preußen 2c.

verordnen im Namen des Reichs, nach erfolgter Zustimmung des Bundesraths und des Reichstags, was folgt:

§. 1.

Vereine, welche durch sozialdemokratische, sozialistische oder kommunistische Bestrebungen den Umsturz der bestehenden Staats- oder Gesellschaftsordnung bezwecken, sind zu verbieten.

Dasselbe gilt von Vereinen, in welchen sozialdemokratische, sozialistische oder kommunistische auf den Umsturz der bestehenden Staats- oder Gesellschaftsordnung gerichtete Bestrebungen in einer den öffentlichen Frieden, insbesondere die Eintracht der Bevölkerungsklassen gefährdenden Weise zu Tage treten.

Den Vereinen stehen gleich Verbindungen jeder Art.

§. 2.

Auf eingetragene Genossenschaften findet im Falle des §. 1 Abs. 2 der §. 35 des Gesetzes vom 4. Juli 1868, betreffend die privatrechtliche Stellung der Erwerbs- und Wirthschaftsgenossenschaften, (Bundes-Gesetzbl. S. 415 ff.) Anwendung.

Auf eingeschriebene Hülfskassen findet im gleichen Falle der §. 29 des Gesetzes über die eingeschriebenen Hülfskassen vom 7. April 1876 (Reichs-Gesetzbl. S. 125 ff.) Anwendung.

§. 3.

Selbständige Kassenvereine (nicht eingeschriebene), welche nach ihren Statuten die gegenseitige Unterstützung ihrer Mitglieder bezwecken, sind im Falle des

Reichs-Gesetzbl. 1878. 67

Ausgegeben zu Berlin den 22. Oktober 1878.

Das Reichs-Gesetzblatt vom 22. Oktober 1878, mit dem das ›Sozialistengesetz‹ verkündet wurde.

Breslauer Sozialistenprozess als Zeuge vorgeladen wurde und gegen seinen ins Schweizer Exil gegangenen Freund Ploetz aussagen sollte. Außer mit diesem ›harten‹ Mittel politischer Einschüchterung versuchten Wilhelm I. und Bismarck den Ansprüchen des Volks aber auch ›weich‹ zu begegnen: Der Kaiser kündigte 1881 die baldige Einführung einer Sozialversicherung an. Seit 1883 gab es eine erste paritätisch, von Arbeitgebern und Arbeitnehmern gemeinsam getragene Krankenversicherung. Unfall-, Alters- und Invaliditätsversicherung schlossen sich an. Diesen abfedernden Maßnahmen zum Trotz gärte es Ende der 1880er-Jahre mächtig im Deutschen Reich: Die bislang größten Arbeiterstreiks, die vor allem die Schwerindustrie des Ruhrgebiets empfindlich trafen, fanden 1889 statt – im Entstehungsjahr von Hauptmanns Drama.

3 Entstehungsgeschichte

Einen bedeutsamen Hinweis auf die Entstehung seines naturalistischen Erstlingsdramas gibt Gerhart Hauptmanns Widmung der Erstausgabe, die im Sommer 1889 in dem kleinen, von seinem Bekannten Paul Ackermann geführten Berliner Verlag ›C. F. Conrad's Buchhandlung‹ erschienen ist (S. 5):

> *Bjarne P. Holmsen, dem konsequentesten Realisten, Verfasser von ›Papa Hamlet‹, zugeeignet, in freudiger Anerkennung der durch sein Buch empfangenen, entscheidenden Anregung.*
> *Erkner, den 8. Juli 1889. Gerhart Hauptmann.*

Hauptmanns symbolträchtig auf den Geburtstag seines dritten Sohnes Klaus datierte Widmung – das leibliche und das ›geistige‹ Kind erblicken am gleichen Tag das Licht der Welt (siehe auch CA VII, S. 1082, und XI, S. 532 f.) – erschließt ihren Sinn erst, wenn man ein literarisches Versteckspiel aufdeckt:

Hinter dem Namen »Bjarne P. Holmsen« verbirgt sich das Berliner Autorenduo Arno Holz (1863–1929) und Johannes Schlaf (1862–1941). Beide gehörten mit Hauptmann dem Verein ›Durch!‹ an, wo man über die besten literarischen Techniken für eine realitätsgetreue Darstellung diskutierte. Um nach außen sichtbar an die Leistungen des skandinavischen Naturalismus anzuknüpfen, der vor allem durch Henrik Ibsen (1828–1906) schon weiter auf dem Weg in die Moderne fortgeschritten war, ließen Holz und Schlaf ihre experimentelle Prosaerzählung *Papa Hamlet* Anfang 1889 als angebliche Übersetzung aus dem Norwegischen erscheinen. Hauptmann spielte das Spiel mit und verwies mit seiner Widmung besonders auf den ›konsequenten Realismus‹ im *Papa Hamlet,* der sich beispielhaft an einem ganz knappen Auszug des ersten Kapitels zeigt:

> »Hä? Was? Was sagstu nu?!« / »Was denn, Nielchen? Was denn?« / »Schafskopp!« / »Aber Thiiienwiebel!« / »Amalie?! Ich …« / »Ai! Kieke da! Also döss!« / »Hä?! Was?! Famoser Schlingel! Mein Schlingel! Mein Schlingel, Amalie! Hä! Was?« / Amalie lächelte. Etwas abgespannt. / »Ein Prachtkerl!« (Holz/Schlaf: Papa Hamlet, S. 19)

Die für Hauptmann anregende Modernität des *Papa Hamlet* besteht hier vor allem in der starken Reduktion des Erzählertexts und der neuartigen Behandlung der Personenrede. Durch die Wiedergabe umgangssprachlicher Eigenheiten bis hin zu Ausrufen, Satzabbrüchen und gedehnten Vokalen (»Thiiienwiebel«) soll der Text als unverfälschtes Gesprächsprotokoll erscheinen. Der Verzicht auf gängige ›Inquit‹-Formeln (wie »sagte Nils«, »meinte Amalie«, »antwortete er«) erhöht einerseits den Eindruck, unmittelbar am Dialog des heruntergekommenen Schauspielers Niels Thienwiebel mit seiner Frau

Amalie und einigen Besuchern teilzuhaben, die sich über das eben geborene Kind des Ehepaars unterhalten; andererseits erschwert die extreme Zurückhaltung des Erzählers die Orientierung. Statt Ordnung in das Stimmengewirr zu bringen und über Ort, Zeit und Personal zu informieren, konfrontiert der Erzähler den Leser über ganze Strecken mit der bloßen Figurenrede. Selbst ein aufgeschlossener Schriftstellerkollege wie eben Gerhart Hauptmann meinte, man könne aus dem zitierten Absatz

> absolut nicht klug werden. Es ist wie in einer spiritistischen Sitzung: Man hört allerlei Stimmen u. weiß nicht wem sie angehören. Derartige Confusionen giebt es noch oft im ›Papa Hamlet‹ [...]. Um sie zu vermeiden wäre es nöthig gewesen, entweder, wie im Drama [!] den Personen die Namen vorzusetzen, oder aber eine etwas reichlichere, übersichtlichere Schilderung zu geben. (Hauptmann an Holz und Schlaf, Brief vom 12. Februar 1889; zitiert nach: Berthold, S. 228 f.)

In konsequenter Fortsetzung des von Holz und Schlaf erprobten ›szenischen Erzählens‹ muss es für Hauptmann nahegelegen haben, Anfang 1889 selbst von der epischen Prosa zur dramatischen Gattung überzugehen. Hier kann der Dichter gut auf jede narrative Vermittlung verzichten, weil der Zuschauer die Figuren auf der Bühne (oder der Leser die Figurennamen im Text) stets vor Augen hat.

Im weiten Rückblick auf *Das Abenteuer meiner Jugend* (erschienen 1937) meinte Hauptmann, die Keimzellen sowohl der *Weber* als auch des »Bauerndramas, dem ich den Titel ›Der Säemann‹ zu geben gedachte«, seien 1888 während seines Aufenthalts in Zürich entstanden (CA VII, S. 1078). An dieser Erinnerung ist sicher richtig, dass zentrale inhaltliche und thematische Züge des Dramas – vor allem die darin geführten Debatten über den Alkoholismus, seine erbgutschädigende Wirkung und seinen volkswirtschaftlichen Schaden – auf die Kenntnis der damals in der Schweiz besonders intensiv geführten Debatten zurückgehen: Hauptmann lässt Alfred Loth ausdrücklich auf Gustav von Bunges 1886 gehaltene und 1887 gedruckte Basler Antrittsvorlesung *Die Alkoholfrage* hinweisen (vgl. S. 35). Auch war das junge Ehepaar Hauptmann durch den vom älteren Bruder Carl, von Auguste Forel (1848–1931) und von Alfred Ploetz (1860–1940) vehement vertretenen Antialkoholismus offenbar so beeindruckt, dass es sich in Zürich zum Verzicht auf alkoholische Getränke verpflichtete und noch ein Jahr später »nur genippt« habe, als man die Annahme von *Vor Sonnenaufgang* bei der Berliner ›Freien Bühne‹ feierte (Marie an Martha Hauptmann, Brief vom 17. September 1889, zitiert nach: Sprengel: Biographie, S. 143). Sichere Hinweise darauf, dass Hauptmann in Zürich bereits an das Drama einer Trinkerfamilie gedacht oder gar Teile davon entworfen habe, gibt es aber nicht. Vielmehr richtete der junge Schriftsteller seit dem Herbst 1887 alle Energie auf einen nie beendeten, zum größten Teil vernichteten ›autobiographischen Roman‹ (Sprengel: Biographie, S. 139 f., 147 und 151 f.) und scheint erst Anfang 1889 durch die Diskussionen mit Holz und Schlaf den Weg zum Drama gefunden zu haben.

Im Februar 1889, als ihm eben die Buchausgabe des *Papa Hamlet* vorlag (vgl. Notiz-Kalender, S. 16), spielte Hauptmann mit dem gesprächsweise erwogenen »Gedanken einer Zusammenarbeit an einem Drama« und schrieb den Kollegen, dass er »mit Freuden die Nachmittage des Sommerhalbjahres einer solchen Arbeit widmen« würde, wenn sie sich mit dem von ihm »neulich« entworfenen »Dramenplan« anfreunden könnten (zitiert nach: Berthold, S. 229). Dass Hauptmann einen Monat später, wohl unter dem Eindruck entsprechender Ratschläge seines Bruders Carl, vom Plan einer »gemeinsamen Arbeit« zurückgetreten ist (bezeugt in einem Brief Marie Hauptmanns vom 9. März 1889 an Carl und Martha Hauptmann; zitiert nach: Wack, S. 35), sollte man nicht schon als erstes Zeichen der später eingetretenen Entfremdung zwischen den naturalistischen Pionieren lesen. Vielmehr hat Holz auch in den folgenden Wochen so intensiven Anteil an der Entstehung des Dramas genommen, dass Hauptmann schließlich auf seinen Vorschlag hin den Titel von ›Der Säemann‹ in ›Vor Sonnenaufgang‹ änderte (vgl. CA XI, S. 532).

G. Hauptmann liest auf seinem Arbeitszimmer den ersten Akt eines Dramas vor. Er hat nämlich auf Papa Hamlet hin seinen Roman ohne Besinnen beiseite geworfen und in sechs Wochen ein Drama geschrieben. Er liest das Stück mit allem Ausdruck, mit dem sich etwas lesen läßt. Das Arbeitszimmer ist sehr geschmackvoll mit Büsten, Bildern und Raritäten dekoriert, ohne überladen zu sein. Der Schreibtisch steht zwischen den Köpfen von Sokrates und Herodot, die bei starkem Auftreten auf ihren Postamenten allerdings sehr bedenklich wackeln. Über dem Tisch schwebt mit ausgebreiteten Fittichen ein Adler, der einen aufgespannten chinesischen Sonnenschirm in den Klauen hält. Nach beendigter Lektüre und einem kurzen Gang durch den Garten wird zum Abendbrot gebeten. Der Tisch ist mit dreierlei Fisch, zweierlei Fleisch, viererlei Kompott und einem schweren Reispudding besetzt. [...] Gerhart H. sieht übrigens auf ein Haar aus wie ein Tollhäusler, mit seinem grotesken, etwas blöden Profil, mit rattenkahl geschorenem Kopf, in schweren, nußfarbig dunklen Wollkleidern, die ihm um den Leib hängen, als hätte sie der erste beste Dorfschneider verfertigt.

Frank Wedekind, Tagebucheintrag vom 26. Mai 1889
(Wedekind, S. 38 f.)

Niedergeschrieben wurde der Text nach diesen konzeptionellen Vorüberlegungen dann sehr zügig. Frank Wedekind, dem Hauptmann Ende Mai 1889 als einem der ersten den Anfang des Dramas vorgelesen hat, datiert in einer Tagebuchnotiz, die nochmals die bedeutsame Anregung durch *Papa Hamlet* unterstreicht, die Entstehungszeit auf gerade einmal »sechs Wochen« (vgl. das Textbild auf der vorangegangenen Seite). Hauptmann selbst, der sich im Rückblick gerne zum dichterischen Genie und unabhängigen kreativen Schöpfergeist stilisierte, hielt in seinen späten autobiographischen Notizen fest, sein »erstes reifes dramatisches Werk« sei in den zeitigen Erkner Morgenstunden des Frühjahrs 1889 »wie von selbst« entstanden (CA XI, S. 532). Handschriften des Dramas, aus denen man den Schreibprozess genauer rekonstruieren könnte, haben sich offenbar nicht erhalten. Doch wurde bereits angemerkt, dass Hauptmann intensiv auf die Zürcher Diskussionen über den Alkoholismus zurückgreifen konnte. Auch wird sich bei der Analyse verschiedener Figuren zeigen, dass der Dramatiker für deren Gestaltung einzelne Züge von Freunden und Bekannten übernommen und dichterisch verwertet hat. Ferner belegt Hauptmanns Notiz-Kalender der Entstehungszeit, dass er den Text nicht so völlig aus sich selbst heraus geschöpft hat, wie er später meinte.

Von den Anregungen, die der Dramatiker während der Niederschrift aufgenommen hat, zeugt erstens der ausführliche Artikel über den ›Strike im rheinisch-westfälischen Kohlengebiet‹ aus der *Frankfurter Zeitung* vom 13. Mai 1889, den Hauptmann ausgeschnitten und in sein Journal eingefügt hat (Notiz-Kalender, S. 68–79; siehe auch die Abbildung auf Seite 18 dieses Bands). Mithilfe solcher Berichte verdeutlichte er sich den großen sozialen, politischen und wirtschaftlichen Horizont, in dem sein Drama einer schlesischen Bauernfamilie steht. In engem motivischen Zusammenhang mit dem

Das Emmerich-Gut in Weißstein in Niederschlesien, das Hauptmann als Vorbild für das Bauerngut Krause diente (Foto: 1932).

Schauspiel, in dem mehrfach über Selbstmorde gesprochen wird, bevor es katastrophal im Suizid der Helene Krause endet, stehen zweitens Polizeiberichte über Selbsttötungen, für die sich Hauptmann auffälligerweise genau in der Entstehungszeit des Stücks interessiert hat (ebenda, S. 19 und 47). Und drittens finden sich im Notiz-Kalender immer wieder »aufgeschnappt[e]« »Wendungen« aus Alltagsgesprächen (ebenda, S. 55; S. 67 beispielsweise auch ein längeres Gespräch mit Bahnwärtern), mit denen Hauptmann seinen Werken ein wirklichkeitsgetreues Kolorit verlieh. So notierte er am 31. März 1889 nach einer wohl politischen Unterhaltung mit seinem Erkner Nachbarn »über gewisse Menschen« das Stichwort »Der süße Pöbel« (ebenda, S. 33). Den gleichen Ausdruck legt er dann im Drama Hoffmann in den Mund: Dieser lässt seinen Jugendfreund Loth seine spöttische Verwunderung darüber spüren, dass er sich als »Reichstagskandidat des süßen Pöbels« habe aufstellen lassen (S. 15). Am 12. Mai 1889 hielt Hauptmann fest: »Wie man die Agitatoren in Waldenb[urg] mit Champagner traktiert« (Notiz-Kalender, S. 68). Versuchte man in der Realität offenbar, im niederschlesischen Kohlerevier Waldenburg (heute Polen) die Streikführer in Verhandlungen durch teure Getränke zu bestechen, so erfährt Loth schon vor dem Wiedersehen mit Hoffmann, dass dieser »die hiesigen dummen Bauern beim Champagner« zur Unterzeichnung fragwürdiger Verträge »überredet« habe (S. 18), und wenig später setzt sich der Sozialreformer selbst an einen *»mit Delikatessen überladenen Abendtisch«* (S. 26), auf dem ihm Champagner, Austern und Hummer angeboten werden.

Das Ende Mai 1889 im Manuskript abgeschlossene Drama, für dessen Ausarbeitung sich Hauptmann gleichermaßen an der Realität wie an der experimentellen szenischen Erzähltechnik in *Papa Hamlet* geschult hat, fand bei Arno Holz und Johannes Schlaf ein begeistertes und bedeutendes Echo. Ihre Reaktion hält erstmals den epochemachenden Rang des Werks fest und markiert zugleich das Ende der Entstehungs- sowie den Beginn der Wirkungsgeschichte von *Vor Sonnenaufgang*:

> Ihr Drama wird morgen an Reißner abgehn [den Leipziger *Papa Hamlet*-Verleger Carl Reißner, der das ihm vorgelegte Stück aber ablehnte]. Der Eindruck, den es auf uns gemacht hat, ist noch größer gewesen, als wir erwartet hatten. Wir halten es für das beste Drama, das jemals in deutscher Sprache geschrieben worden ist. *Tolstoi mit eingerechnet!* [Tolstois Drama *Die Macht der Finsternis* lag seit 1887 auf Deutsch vor und galt den Naturalisten als wichtiges Vorbild.] Hoffentlich sind Sie einigermaßen damit zufrieden? »Näheres mündlich.« (Notiz-Kalender, S. 91 f.)

II Inhaltsangabe

Erster Akt: Unerwarteter Besuch und unschöne Szenen am Familientisch

Die Handlung von Gerhart Hauptmanns *Vor Sonnenaufgang*, die durchgehend auf dem Hof des Bauerngutsbesitzers Krause in der schlesischen Gemeinde Witzdorf spielt, setzt am frühen Abend eines sommerlich warmen Septembertages ein. Als unerwarteter und den meisten Familienmitgliedern bislang unbekannter Gast wird Alfred Loth vom Hausmädchen Miele in das Wohn- und Esszimmer geführt (S. 7), den Schauplatz des gesamten ersten sowie des dritten und fünften Akts. Mit dem freundlichen Empfang durch die Bauernmagd, die Loth bittet, auf Ingenieur Hoffmann zu warten, kontrastiert der unbeherrschte Auftritt von Frau Krause, der zweiten Frau des Gutsbesitzers (S. 7). Wütend äußert sie ihr Missfallen am (hier nicht näher bezeichneten) lasterhaften Verhalten junger Frauen sowie daran, dass man einen Fremden eingelassen hat. In der – wie sich herausstellt: durchaus richtigen – Annahme, er wolle um Geld bitten, weist sie Loth heftig ab. Er solle selbst für seinen Broterwerb sorgen. Den Hinweis der Magd, der Herr wolle lediglich ihren Schwiegersohn sprechen, lässt Frau Krause nicht gelten: Da Hoffmann sein Vermögen der Einheirat in die Bauernfamilie verdanke, gehe auch ein Bettelversuch beim Schwiegersohn auf deren Kosten.

Hoffmanns Auftritt (S. 8) beruhigt die Szene. Der modisch ausstaffierte Herr erkennt Alfred Loth und spricht ihn umstandslos mit dem Vornamen an. Der offenkundigen Vertrautheit der Männer, die Frau Krause erstaunt zur Kenntnis nimmt, bevor sie sich wortlos zurückzieht (S. 9), stehen auf beiden Seiten Anzeichen von Befangenheit gegenüber: Loth betont die Zufälligkeit seines Kommens, und Hoffmann drückt seine Gastfreundschaft so überschwänglich aus, dass seine Freude über den Besuch unglaubhaft wirkt. Von Scheu geprägt ist der sehr kurze erste Auftritt Helene Krauses (S. 9), der jüngeren Tochter des Hauses, die mit einem Buch in der Hand vom Wintergarten her in das Zimmer kommt und sich an den Schwager wendet, sich jedoch sogleich wieder zurückzieht, als sie den Gast wahrnimmt, der seinerseits Helene keine Aufmerksamkeit schenkt. Wieder zu zweit (S. 9–18), wendet sich das Gespräch zwischen Hoffmann und Loth – der dessen Versuche, ihm etwas zu trinken und zu rauchen anzubieten, wiederholt ablehnt – alsbald den ›alten Zeiten‹ ihrer Freundschaft zu. Auch diese Rückschau ist keineswegs unbelastet. Schon vom zweiten der gemeinsamen Bekannten, die Hoffmann durch ihre Spitznamen in Erinnerung ruft, berichtet Loth, dass er sich erschossen habe: Friedrich (›Fips‹) Hildebrandt, ein regierungskritischer Künstler, der mit seinen wenig publikumstauglichen Werken kein Geld verdiente, sich zeitweise als Handwerker über Wasser hielt und sich das Leben nahm, weil er bei einem Kunstwettbewerb den Auftrag für ein Huldigungsdenkmal erhielt, dies aber aus politischer Überzeugung nicht anfertigen wollte. Während Loth den Selbstmord auf mangelnde Courage, aber auch gewissenhafte künstlerische Konsequenz zurückführt, kann Hoffmann in Übereinstimmung mit der öffentlichen Meinung keine ethischen Gründe für den Suizid erkennen.

Als Hoffmann, um das Thema zu wechseln, nach Loths Lebensweg fragt, scheint es diesem abermals – und wie sich zeigt: ganz zurecht – unglaubhaft, dass Hoffmann die Berichte über dessen politische Verstrickungen nicht kenne. Nachdem Hoffmann, um eine vertrauliche Stimmung zu erzeugen, erneut vergeblich Alkoholika angeboten hat, lässt er sich erzählen: Loth ist im Alter von 21 Jahren angeklagt, zu zwei Jahren Haft verurteilt und vom Studium ausgeschlossen worden, weil er mit einer Vereinsgründung angeblich staatsfeindliche Parteiarbeit betrieben hatte. Tatsächlich habe die Vereinigung ›Vancouver-Island‹, der anfänglich auch Hoffmann angehörte, dazu gedient, die Auswanderung einer Gruppe junger Utopisten nach Amerika vorzubereiten und dort eine nach sozialistischen Prinzipien organisierte landwirtschaftliche Kolonie zu gründen. Während Loth, der im Gefängnis seine erste volkswirtschaftliche Publikation verfasste und später doch noch nach Amerika gegangen ist, trotz aller Entbehrungen die idealistischen Erfahrungen dieser Lebensphase nicht missen möchte, vertritt Hoffmann pragmatisch-opportunistische Ansichten. Statt sich durch politische Aktivitäten – Hoffmann weiß, dass Loth für eine Arbeiterzeitschrift schrieb und sich für die Sozialdemokratie um ein Reichstagsmandat bewarb – bei der Obrigkeit unmöglich zu machen, solle man von den gesellschaftlichen Entwicklungen bestmöglich zu profitieren versuchen. Mit welchen Mitteln Hoffmann zum finanziellen Erfolg kam, ahnt Loth bislang nur aufgrund von Gesprächen, die er im Wirtshaus in der Kreisstadt Jauer mitgehört hat und die ihn auf die Spur seines Schulfreundes setzten. Dieser klärt Loth darüber auf, dass er mit seiner schwangeren Frau die Geburt ihres Kindes im Hause seiner Schwiegereltern abwarten wolle und sich dabei auf die Unterstützung eines kompetenten, von den Landarbeitern auch wegen seines Idealismus hochgeschätzten Arztes verlassen könne. Anschließend will Hoffmann genau wissen, was über ihn gesprochen werde. Als Loth einwirft, er wolle solche Details lieber nicht mitteilen, weil er den Freund anschließend um Geld bitten möchte, stellt Hoffmann umstandslos einen Scheck über 200 Mark aus (zum Vergleich: Arbeiter verdienten Ende des 19. Jahrhunderts durchschnittlich circa 60 Mark im Monat) – und bringt Loth so zum Reden: Man erzähle sich, Hoffmann habe den Bauunternehmer Müller, der eine Gebirgsbahn für den Kohlentransport bauen wollte und mit Martha Krause verlobt gewesen sei, sowohl privat wie geschäftlich verdrängt, nämlich im Einverständnis mit Vater Krause dessen ältere Tochter Martha geheiratet und nach Müllers Selbstmord dessen Bauprojekte zu günstigen Konditionen übernommen. Auch habe Hoffmann gegen sehr geringe Pachtbeträge das Verkaufsrecht an den unter den Feldern geförderten Kohlen erworben, indem er die ansässigen Bauern unter Alkoholeinfluss zum Vertragsabschluss drängte. Statt diese sachlich wohl zutreffende Darstellung zu entkräften, schlägt Hoffmann vor, nicht länger mit dem Abendessen zu warten, und klingelt seinem Diener Eduard, der Loth zunächst ins Gästezimmer führt (S. 19).

Hoffmann klärt die eilig hinzutretende Helene (S. 19), die im Wintergarten offenbar nur auf Loths Abgang gewartet hat, über dessen Identität auf und bittet sie, für eine exklusive Bewirtung zu sorgen. Da er vermutet, Loth verfolge ihm unliebsame sozialpolitische Absichten, möchte er ihn durch besondere Gastlichkeit beeindrucken und entwaffnen. Nachdem ein Paketträger Kleinkindausstattung aus Berlin angeliefert hat (S. 20), deren Menge Helene übertrieben vorkommt, wendet sich das Gespräch kurz dem besorgniserregenden Zustand der hochschwangeren Frau Hoffmanns zu, die nicht den Anordnungen des Arztes, sondern den Ratschlägen von Frau Spiller folge, der Gesellschafterin von Frau Krause. In der von Helene wie von Hoffmann als hoch belastend empfundenen Situation im Elternhaus habe die werdende Mutter einen Rückfall in den Alkoholismus erlitten. Hoffmann wiederholt seine Bitte, Helene möge den Tisch festlich arrangieren lassen, und zieht sich zurück (S. 21).

Nachdem Helene dem unwillig zusammenarbeitenden Hauspersonal (Miele steht in Diensten der Frau Krause, Eduard ist Hoffmanns Diener) die nötigen Anweisungen erteilt hat (S. 21 f.), tritt Loth ins Wohn- und Esszimmer (S. 22). Hoffmann stellt – wenig höflich und die Befangenheit seiner Schwägerin steigernd – Loth und Helene einander durch die geschlossene Tür vor und überlässt sie einem ersten Zwiegespräch (S. 22–26). Als Loth erklärt, er sei zufällig an seinen Breslauer Schulfreund Hoffmann geraten, da er sich seit langer Zeit erstmals wieder in Schlesien aufhalte, um hier Sozialstudien zu betreiben, deutet ihm Helene den Weg der Familie zum gegenwärtigen Reichtum knapp an: Während noch ihr Großvater, auf dessen an der Wand hängendes Bildnis sie verweist, die Familie wegen karger Bodenerträge nur durch zusätzliche Fuhrdienste ernähren konnte, seien ihr Vater und andere landbesitzende Bauern durch Kohlenfunde reich geworden. Dem äußeren Wohlstand stehe aber geistige Ödnis gegenüber, denn die Bauern würden ihr Geld auf Spiel, Jagd und Alkohol verwenden, und vor den stets finsteren Bergarbeitern, die den Bauern verstockt begegnen würden, habe sie regelrecht Angst. Da Loth voraussetzt, Helene könne sein Interesse an diesen Menschen nicht verstehen, lässt sie einen Brief aus der früher von ihr besuchten Internatsschule Herrnhut fallen, um ihre Bildung zu demonstrieren. Helenes wachsendes Interesse an Loths Anliegen gibt diesem Gelegenheit, sein Programm zu präzisieren: Er will die Ursachen für die Existenznöte der Bergarbeiter erkunden, um Wege zur Verbesserung ihrer Arbeits- und Lebensbedingungen zu finden.

Der wieder hinzukommende Hoffmann (S. 26), der zwischenzeitlich Geschäftspost erledigt hat, kontrolliert befriedigt den angerichteten Tisch und kündigt zum Missfallen seiner Schwägerin Helene den Besuch von Wilhelm Kahl an. Dieser, der Neffe ihrer Stiefmutter, tritt plump in Jägerkleidung ein und wird Loth als Sohn des benachbarten Bauern vorgestellt (S. 26 f.). Die von Miele lauthals zu Tisch gerufene Frau Krause kommt in kostbarer Garderobe, entschuldigt sich bei Loth für den unfreundlichen ersten Empfang und betont die eigene Großzügigkeit: Man könne sich das leisten (S. 27 f.). Nachdem Frau Spiller ebenfalls eingetreten ist (S. 28), beginnt man zu essen. Das Tischgespräch verdeutlicht Helenes gespanntes Verhältnis sowohl zu ihrer Stiefmutter wie zu Wilhelm Kahl, dessen von Frau Krause und Frau Spiller verteidigte Jagdleidenschaft sie heftig kritisiert. Loth pflichtet ihr entschieden, fast rücksichtslos unhöflich, bei. Aufmerksam registriert Helene auch Loths hartnäckige Weigerung, am Alkoholgenuss der Runde teilzunehmen. Während die anderen die Qualität des Champagners und die anregende Wirkung des Alkohols betonen, fragt sie nach den Gründen für Loths Abstinenz. Er könne, wie Hoffmann aus alten Zeiten wisse, durchaus viel vertragen, habe sich aber zum völligen Verzicht entschlossen, weil der Alkoholismus, wie er mit jüngsten Studien belegt, großen sozialökonomischen Schaden anrichte und vor allem das Erbgut schädige, das er unversehrt von seinen gesunden Vorfahren an seine Nachkommen weitergeben wolle. Während sich Helene näher für Loths Motive interessiert, weist Frau Krause lediglich auf den übermäßigen Alkoholgenuss der Bergleute hin. Kahl ergänzt, auch Herr Krause spreche dem Alkohol allzu heftig zu. Helene erbleicht und weist Kahl wegen dieser (grob dialektal und stotternd vorgetragenen, deshalb von Loth nicht verstandenen) Indiskretion scharf zurecht. Da ruft Frau Krause ihre Stieftochter zur Ordnung: Als Verlobte Kahls müsse sie mehr Respekt zeigen. Helenes weiterer Widerspruch provoziert Ausfälligkeiten der Stiefmutter: Sie behandle Helene wie ein eigenes Kind, diese aber sei sich zu fein, um in der Wirtschaft mitzuhelfen, und lese stattdessen Schiller und Goethe, diese dummen Scheißkerle. Hoffmann bittet, den Streit zu beenden, stößt mit seiner Schwiegermutter an und bemerkt, als er sich Helene zuwendet, dass ihr Glas leer geblieben ist. Er kommentiert das ironisch. Loth, der die familiären Spannungen und Kahls kaum zu bändigendes Mitteilungsbedürfnis ignoriert, nimmt den Faden wieder auf und erzählt, er habe im benachbarten Wirtshaus einen schwerst alkoholisierten reichen Bauern beobachtet. Die Verlegenheit der Familie, die in dem von Loth porträtierten Trinker sofort den Gutsbesitzer Krause erkennt, entgeht ihm ebenso wie die nochmalige Bemerkung Kahls, es handle sich um den Herrn des Hauses. Helene in höchster Erregung und Kahl im Gefühl der begangenen Taktlosigkeit verlassen die Tafel (S. 39). Nachdem sich auch Frau Krause und Frau Spiller zurückgezogen haben (S. 39) und während das Hauspersonal den Tisch abräumt, überzeugt Hoffmann seinen Freund von der Nichtigkeit des vorgefallenen Streits, erklärt ihm auf dessen Nachfrage, seine Frau wolle sich in ihrem hochschwangeren Zustand nicht zeigen, und bittet ihn zum Kaffee in die Gartenlaube (S. 40). Abschließend tritt Helene nochmals auf. Sie hofft inständig, dass der Gast nicht gleich wieder abreist (S. 40).

Zweiter Akt: Abgründe und Lichtblicke

Die Bühne zeigt – hier und im vierten Akt – das Äußere des Gutshofs mit Garten, angrenzenden Feldern und Wirtshaus im Hintergrund, aus dem am frühen Morgen des nächsten Tages Bauer Krause volltrunken nach Hause wankt, während gleichzeitig sein Arbeitsmann Beibst eine Sense richtet (S. 41). In abgerissener Diktion gröhlt Krause Fetzen von Trinkliedern und stellt befriedigt fest, ihm gehöre Garten und Gut und er habe eine hübsche Frau sowie hübsche Töchter. Die eilig aus dem Haus kommende Helene (S. 42) will ihren Vater hinein geleiten, während er ihr in völlig desolatem Zustand Geld für sexuelle Dienste anbietet. Angeekelt stößt sie ihn von sich. Als er daraufhin zu Boden sinkt, hilft sie ihm jedoch zusammen mit dem herbeihinkenden Beibst wieder auf. Sie schaffen ihn ins Haus. Der wieder nach draußen tretende Beibst beobachtet, wie sich der dürftig bekleidete Wilhelm Kahl aus dem Haus schleicht (S. 43). Im Abgehen gibt dieser ihm Geld dafür, dass er den Vorfall verschweige – Kahl hat, wie später klar wird, mit Frau Krause, seiner Tante, das Bett geteilt.

Zu dem wieder an die Arbeit gegangenen Beibst gesellt sich Loth (S. 44). Der Städter, der nicht weiß, dass die Zeit der Heuernte längst vorbei ist und dass frühmorgens Viehfutter geschnitten werden muss, kommt mit dem Landmann nur mühsam ins Gespräch. Angesichts eines landwirtschaftlichen Geräts zur Unkrautbekämpfung klagt Beibst darüber, dass der Bauer den Acker verwahrlosen lasse, statt ihn den Armen zur Bewirtschaftung zu geben. Loth dagegen erinnert sich, ähnliche Geräte bei den amerikanischen Kolonisten gesehen zu haben. Beibst hört ihm interessiert zu, wird aber wieder misstrauisch, als Loth die dortigen kollektiven Besitzverhältnisse anspricht. Von der idyllischen Morgenstimmung angelockt, macht sich Loth zu einem Spaziergang auf. Gegenüber der Magd Guste, die zur Arbeit in den Kuhstall geht (S. 46 f.), charakterisiert Beibst die Reden Loths als realitätsfern, wird aber wesentlich zugänglicher, als ihm der zurückkehrende Städter Geld zusteckt (S. 47). Beibst warnt Loth vor Rissen im Erdreich, die durch die schlechte Sicherung der Gruben entstanden seien und bereits zu tödlichen Einstürzen geführt hätten. Ein von Kahl abgegebener Schuss lenkt das Gespräch auf dessen nichtsnutzige Jägerei. Das Motiv für Beibsts Drohgebärden – Kahls Vater hat ihm einst im Zorn ins Bein geschossen – klärt sich erst später auf, da er hier den Grund für sein Hinken verschweigt und nur den Dorfarzt wegen seiner Solidarität mit den Armen lobt. Der in seinen angrenzenden Garten kommende Kahl (S. 48), dem der mit den Mägden aufs Feld ziehende Beibst zornige Blicke und Gesten zuwirft (S. 49), weist Loth eine getötete Lerche vor. Loth tadelt ihn erregt. Beide gehen in verschiedene Richtungen ab (S. 49).

Ensembleszene in David Böschs Inszenierung von »Vor Sonnenaufgang« am Thalia Theater Hamburg (Premiere: 7. Februar 2009).

Helene tritt aus dem Haus (S. 49), begutachtet zum Trocknen aufgehängte Teekräuter und reifende Äpfel, weicht Loth zunächst aus, wird aber von ihm eingeholt, als sie den Taubenschlag öffnen möchte. Am Gartenzaun entspinnt sich ein längerer Dialog (S. 50–58). Zunächst entdeckt Helene bemerkenswerte Übereinstimmungen zwischen Loth und ihrer Stiefmutter: Beide verfolgen mit ihrem Tun und Denken in erster Linie praktische Zwecke, und beide sprechen sich daher gegen Goethes von Helene gelesene *Leiden des jungen Werthers* aus. Nach empfehlenswerter Literatur und den poetischen Qualitäten von Émile Zola und Henrik Ibsen gefragt, nennt Loth den *Kampf um Rom* von Felix Dahn und bezeichnet die Werke der naturalistischen Autoren als Arznei, derer er nicht bedürfe. Loth lenkt das Gespräch auf die bevorstehende Ernte und – von Helenes Klage über den armutsbedingten Obstdiebstahl nur kurz unterbrochen – auf seine Liebe zum Landleben, das ihn in seinem Engagement für das Gemeinwohl erquicke. Für die Besserung sozialer Verhältnisse kämpfe er nicht so sehr aus Selbstlosigkeit, sondern weil er tiefe Einblicke in das gesellschaftliche Unrecht erhalten habe. Nach allgemeinen Beispielen für Missverhältnisse in Wirtschaft, Militär und Religion erklärt er, welche persönlichen Erlebnisse ihn zur Einsicht gebracht hätten: Schon als Junge sei er auf Widersprüche zwischen seinen konkreten Lebenserfahrungen und den ethischen Forderungen seiner Autoritätspersonen (Vater und Lehrer) aufmerksam geworden; und am Schicksal eines unter seinen Augen gestorbenen Arbeiters einer Seifenfabrik, dessen kinderreiche Frau anschließend Selbstmord begangen habe, sei ihm die moralische Untragbarkeit der gegenwärtigen Gesellschaftsordnung klar geworden. Helene, die auf vergleichbare Eindrücke bislang bloß mitleidig-emotional reagiert hat, erzählt nun, dass von den drei Söhnen Beibsts, die sich alle als Bergleute verdingt hätten, zwei tödlich verunglückt seien, und klärt Loth darüber auf, warum der Alte hinkt. Nachdem sie die Schlechtigkeit hiesiger Verhältnisse an weiteren Fällen beklagt hat, äußert sie verzweifelt, aufgrund ihrer (nicht weiter konkretisierten) familiären Situation müsse Loth auch ihren Schwager und sie verachten, und geht weinend in Richtung der Felder ab (S. 58).

Als auch Loth den Hof verlassen hat, tritt Frau Krause auf und eilt unter wütenden Drohungen gegen ihre als lasterhaft bezeichnete Magd Marie zu dieser in den Kuhstall (S. 58). Sowohl die aus dem Haus kommende Frau Spiller als auch die wieder auf den Hof zurückkehrende Helene (S. 58) erleben sodann, wie Frau Krause die Magd fristlos entlässt. Da die Magd Frau Spiller für ihre Entlassung verantwortlich macht und Vergeltung androht, besteht Helene darauf, den Grund zu erfahren. Die Entgegnung ihrer Stiefmutter, Marie habe mit einem Knecht sexuell verkehrt, veranlasst Helene, den Verbleib der Magd zu verlangen. Andernfalls werde sie ihrem

Vater verraten, dass – wie sie selbst bezeugen könne – seine Frau mit ihrem, Helenes, Bräutigam schlafe. Auch durch eine Ohrfeige ihrer Stiefmutter lässt sie sich nicht einschüchtern. Nachdem Helene ins Haus geeilt ist (S. 59), entschließt sich Frau Krause, die Entlassung der Magd zurückzunehmen.

Dritter Akt:
Hoffmanns Sorgen und Helenes Liebesbekenntnis

In Krauses Wohnzimmer erörtert Hoffmann mit dem Landarzt Dr. Schimmelpfennig, der nach der Morgenvisite bei Hoffmanns Frau ein Rezept schreibt, den Zustand der Hochschwangeren (S. 60–62). Nach oberflächlichem Wortwechsel fragt Hoffmann konkret, wie sich eine Wiederholung des (nicht näher erläuterten) Unglücks verhindern lasse, das zum Tod seines ersten Jungen geführt habe. Der Arzt verlangt, das Kind getrennt von der Mutter aufzuziehen, und empfiehlt, Hoffmann möge Helene für diese Aufgabe gewinnen. Nachdem beide Männer gegangen sind, betritt die wegen des erst eine Viertelstunde zurückliegenden Streits mit ihrer Stiefmutter noch stark aufgewühlte Helene den Raum (S. 62).

Kurz darauf kommt Hoffmann wieder herein. Er und die junge Frau führen ein längeres Gespräch (S. 63–69), in dem sie zunächst die Zustände in ihrem Elternhaus beklagt: Da sie sich nicht auch – wie ihre Schwester – dem Alkohol ergeben wolle, könne sie wohl nur aus dem Haus gehen oder sich umbringen, um ihrem trinkenden, sie bedrängenden Vater und den Eheplänen ihrer Stiefmutter zu entkommen. Mit geheucheltem Verständnis für Helenes Lage, die wie er aus einer besseren Umgebung in das dumpfe Bauernmilieu gekommen sei, sucht Hoffmann seine Schwägerin zu verführen: Sie könnten aneinander Trost finden. Als Hoffmann den Vorschlag des Arztes, Helene solle dem erwarteten Säugling zur Ersatzmutter werden, mit dem Wunsch nach einem intimen

Verhältnis zu seiner Schwägerin verbindet, setzt sich diese, die seine Zärtlichkeiten bis dahin über sich hat ergehen lassen, heftig zur Wehr: Nun habe sie erkannt, dass Hoffmann nicht anständiger als die anderen Familienmitglieder sei, sondern sogar entschieden verruchter, weil er sein Ziel heimtückischer verfolge als diese. Um von seinem Verhalten abzulenken, äußert Hoffmann die Vermutung, Helenes Aufbegehren gehe auf ihr Gespräch mit Loth zurück, vor dessen idealistischen Reden sie sich in Acht nehmen solle. Als Helene darauf besteht, Loth habe sie nicht etwa verwirrt, sondern ihr für so manches die Augen geöffnet, unterstellt Hoffmann dem früheren Freund moralische Skrupellosigkeit und warnt seine Schwägerin vor dem Umgang mit einem Mann, der behördlich beobachtet werde. Dann klingelt er seinem Diener.

Während Eduard bei Helene die Wünsche für das Frühstück aufnimmt, erkundigt sich der eintretende Loth (S. 69) bei Hoffmann nach dem Arzt, in dem er einen Studienfreund erkannt zu haben meint, und erfährt, dass sich sein früherer Bekannter Schimmelpfennig tatsächlich hier niedergelassen habe. Beim Frühstück, dem Frau Krause und Frau Spiller aufgrund des Streits mit Helene fernbleiben, fragt Hoffmann seinen Gast nach dem genauen Grund seines Aufenthalts. Als Loth erläutert, er wolle die Situation der Bergleute untersuchen, und Hoffmann bittet, die Arbeit im Bergwerk einige Wochen miterleben zu dürfen, lehnt dieser ab, da er annimmt, Loth werde die Verhältnisse parteiisch darstellen. Mit Blick auf die Loth gebannt zuhörende Helene lenkt Hoffmann das Gespräch auf ein Thema, von dem er annimmt, es müsse Loth peinlich sein: seine frühere Verlobung. Mit betonter Offenheit erzählt Loth, dass diese damals nach seiner Verurteilung zu einer Haftstrafe aufgelöst worden und er seitdem keine neue Verbindung eingegangen sei, weil eine Frau an seiner Seite ein allzu entsagungsvolles Leben führen müsse und er zudem

Xenia Snagowski als Helene und Dietmar Bär als Hoffmann in Anselm Webers Inszenierung am Schauspielhaus Bochum (2012).

höchste Ansprüche an ihren Charakter, ihre soziale Unabhängigkeit und ihre Gesundheit stelle. Auf Helenes Nachfrage präzisiert Loth, seine künftige Frau solle sich über hergebrachte Konventionen hinwegsetzen, indem sie beispielsweise nicht auf die Werbung des Mannes warte, sondern als Erste ihre Liebe bekenne. Sichtlich erregt bittet Helene, sie zu entschuldigen, und verlässt den Raum (S. 75).

Die Männer setzen ihre Unterhaltung fort (S. 75–82). Nach Hoffmanns Hinweis, er müsse noch heute geschäftlich in die Stadt fahren, erkundigt Loth sich näher nach Helene und fragt, weshalb sie nicht bei ihm und ihrer Schwester wohne. Hoffmann antwortet ausweichend. Loth spürt, dass Hoffmann ihn loswerden möchte, und erklärt, sich noch heute eine Wohnung im Ort suchen zu wollen. Hoffmann legt ihm daraufhin nahe, sein Projekt mit Rücksicht auf ihn, Hoffmann, ganz aufzugeben. Zwar billige er Loths Idealismus, rate aber zu einem gemäßigten Vorgehen. Während eines Telefonats mit dem Kutscher und weiteren mit Eduard getroffenen Vorbereitungen zur Abfahrt macht er in Loths Richtung Nebenbemerkungen über Helene, die offenbar Gefallen an ihm gefunden habe, und versucht, dessen Abreise in die Wege zu leiten. Loth stellt richtig, dass er die Gegend nicht verlassen und seinen selbstgewählten Auftrag keineswegs verraten werde. Nun spricht auch Hoffmann offen: Loth missbrauche sein Gastrecht und suche Helene zu beeindrucken, sei ein Phrasendrescher und wolle die Bergleute gegen die besitzende Klasse aufhetzen. Im Abgehen versucht er Loth durch den Verweis auf dessen materielle Bedürftigkeit zu demütigen.

Nachdem der kurz alleine zurückgebliebene Loth (S. 82) Hoffmanns Scheck zerrissen hat, tritt Helene nochmals aus dem Wintergarten auf (S. 82). Sie hat alles mit angehört. Als Loth sich von ihr verabschieden möchte, versucht sie zunächst, ihn milder gegen ihren meist schnell reumütigen Schwager zu stimmen, um Loth dann zu versichern, dass sie dessen Meinungen über ihn nicht nur nicht teile, sondern tiefe Gefühle für ihn habe. Nach ihrer zögerlich vorgebrachten Liebeserklärung sinkt Helene in Loths Arme (S. 83).

Vierter Akt: Bewegte Szenen und Liebesidyll

Hoffmann ist umgekehrt und trifft im Hof auf Loth, der eben ins benachbarte Wirtshaus übersiedeln möchte, sich aber von Hoffmann zurück ins Haus führen lässt (S. 84 f.). Der Magd Marie, deren Hab und Gut der Kuhjunge Golisch gleichzeitig auf einen Schubkarren verlädt, ruft Frau Spiller aus dem Haus zu, Frau Krause wolle sie nun doch im Dienst behalten, wenn sie sich künftig einwandfrei benehme. Obwohl ihr sogar eine Lohnerhöhung angeboten wird, verlässt die Magd den Hof. Frau Spiller läuft ihr hinterher (S. 85). Der Bauernbursche Baer, eine klägliche Erscheinung, zieht einen Kinderwagen voll Sand auf den Hof, bietet diesen zum Verkauf und verschwin-

Julia Jentsch als Helene und Stephan Bissmeier als Loth in Thomas Ostermeiers Inszenierung (Münchner Kammerspiele 2005).

det dann auf der anderen Seite des Hofes (S. 85 f.). Hoffmann tritt mit seiner aus der Ohnmacht erwachten Schwägerin ins Freie, bittet sie, Loth im Hause zu halten, bis er wieder aus der Stadt zurückkehre, äußert sich besorgt über seine Frau und treibt dann den Kutscher zu eiligster Fahrt (S. 86). Nachdem Helene durchs Tor hinausgegangen ist, kauft Miele dem Sandhändler seine Ware ab, der anschließend an Wilhelm Kahl vorbei den Hof verlässt, welcher ihn Luftsprünge vorführen lässt (S. 86 f.). Am Gartenzaun signalisiert Frau Spiller Wilhelm Kahl, sie würde ihm – falls er sich mit seiner widerborstigen Verlobten überwerfe, die sich offenbar zu dem zweifelhaften Subjekt Loth hingezogen fühle – als tugendhafte Partnerin zur Verfügung stehen (S. 86–88). Während Kahl abgeht und Frau Spiller ins Haus zurückkehrt, kommt Loth aus diesem und folgt Helene auf die Felder (S. 88). Die verarmte Frau eines Kutschers schleicht sich in den Kuhstall, um dort unbemerkt Milch in einen Topf zu melken (S. 88). Wegen ihres Kinderreichtums billigen und fördern die mit Beibst von ihrer Mäharbeit zurückkehrenden Mägde diesen Diebstahl und kritisieren zugleich den Geiz der Bauern (S. 88 f.). Im Gespräch mit den Mägden äußert Beibst Verständnis für Maries unkeusches Verhalten (S. 89).

Von den Feldern her tritt Loth mit Helene auf und spricht in der Gartenlaube länger mit ihr (S. 89–98). Begleitet von gegenseitigen Zärtlichkeiten äußert Helene Bedenken, ob sie ihre Liebe nicht zu freimütig bekannt habe, und schwelgt in Erinnerungen an eine Herrnhuter Lehrerin. Nach Küssen und Liebesversicherungen richtet sich das Augenmerk des Paares auf die nächste Zukunft. Da die volljährige Helene ein mütterliches Erbteil beanspruchen kann, fürchtet sie den Einspruch der Stiefmutter nicht. Loths Frage nach ihrem Vater weicht sie aus und fragt ihrerseits den Geliebten, ob er außer mit seiner früheren Verlobten auch mit anderen Frauen intim gewesen sei. Statt sich aber umfassend über sein sexuelles Vorleben aufklären zu lassen, nimmt sie Loth ein förmliches Liebesversprechen ab, bevor dieser sie seinerseits auffordert, ihre bisherigen Liebschaften zu beichten. Außer Wilhelm Kahl, so ist zu erschließen, hat sie sich auch Hoffmann hingegeben. Statt Helene weitere Erklärungen zu ihrer schwierigen Familie abzunötigen, fragt Loth nach ihrem Pensionsaufenthalt, den ihre Mutter auf dem Sterbebett verfügt habe. Zum Bekenntnis, dass der von Loth am Vorabend beschriebene Alkoholiker ihr Vater ist, ringt sie sich wiederum nicht durch – aus Angst, der Geliebte würde sie verstoßen. Loths Versicherung, immer zu ihr zu stehen, solange sie ihn nicht zum Verrat an seinen Idealen nötige, kann Helene nicht beruhigen, und die heikle Frage nach der Gesundheit ihrer Eltern wird nicht weiter besprochen, weil Frau Krause aufgeregt in den Hof ruft, Helenes Schwester liege in den Wehen, und der Magd Liese befiehlt, die Hebamme zu holen (S. 98).

Loth tritt schnell ab, als Frau Spiller aus dem Haus kommt (S. 99). Die Frauen streiten sich, ob Dr. Schimmelpfennig hinzuzuziehen sei oder nicht. Als die von ihrem Schwager entsprechend instruierte Helene der herbeikommenden Miele befiehlt, den Arzt zu holen, interveniert Frau Krause und ruft ihr Hausmädchen zurück. Daraufhin macht sich Helene selbst auf den Weg zum Arzt (S. 99). Der von der Betriebsamkeit auf dem Nachbarhof angelockte Wilhelm Kahl vermutet, bei den Krauses sei ein Schwein geschlachtet worden (S. 100).

Fünfter Akt: Bittere Einsichten und tödliches Finale
Gegen zwei Uhr morgens treffen Hoffmanns Diener und Loth im Wohnzimmer aufeinander (S. 101). Eduard lässt sich über die Mühen ehrlicher Leute aus, die im Gegensatz zur neureichen Bauernfamilie ihr Brot mit harter Arbeit verdienen müssten, und über Martha Hoffmanns seit 15 Stunden andauernde Wehen, die allen die Nachtruhe rauben. Der von Eduard lobend erwähnte Dr. Schimmelpfennig betritt mit Hoffmann den Raum (S. 102). Nachdem Hoffmann seinen Diener angewiesen hat, dem Arzt einen Kaffee zu machen, beklagt dieser, dass man statt der von ihm empfohlenen jungen eine alte Hebamme gerufen habe. Hoffmann bemerkt Loth, und als dieser den von seiner Anwesenheit überraschten Schimmelpfennig begrüßt, verlässt Hoffmann das Zimmer (S. 103).

Loth und Schimmelpfennig, deren langes Gespräch (S. 103 bis 120) durch einen Auftritt des Dieners (S. 106) und zwei kurze Abwesenheiten des Arztes, während derer jeweils Helene ins Zimmer kommt, unterbrochen wird (S. 107 und S. 110 f.), erklären zunächst eine weit zurückliegende Unstimmigkeit für ausgeräumt und tauschen sich dann über ihre zwischenzeitlichen Erfahrungen aus. Der Arzt bekennt, sich von seinen früheren Freunden distanziert zu haben, um sich ein Vermögen für spätere Vorhaben aufzubauen. Nach ihrer gemeinsamen Zeit habe er wegen einer Straftat aus Jena fliehen müssen, in Zürich Medizin studiert, sein von den deutschen Behörden nicht anerkanntes Examen wiederholt und in der schlesischen Provinz eine einträgliche Praxis eröffnet, deren Belastungen er nur durch extensiven Kaffeekonsum durchstehe. Schimmelpfennig sieht, dass Loth keinen Ehering trägt, und erkundigt sich, ob er noch immer nach einer genetisch kerngesunden Gattin Ausschau halte. Erste Hinweise auf die schlimmen Zustände in den Bauernfamilien bleiben vage, weil der Arzt nach der Gebärenden sehen muss. Helene nutzt dies, um sich zu vergewissern, dass Loth, dessen Zimmertüre sie hatte aufgehen hören, noch im Hause ist, und verschwindet im Wintergarten, als Schimmelpfennig zurückkehrt (S. 107). Das Gespräch über Loths ledigen Stand wieder aufnehmend, sagt der gynäkologisch spezialisierte Arzt, er wolle mit seinen erschütternden Einsichten als Mediziner bald umfassend zur Lösung der ›Frauenfrage‹ beitragen. Als Loth von seinem Studienprojekt berichtet, bietet ihm Schimmelpfennig einschlägiges Material an und nennt Alkoholismus sowie Inzest als allgegenwärtige Übel der ansässigen Familien. Ohne schon seine Verbindung mit Helene zu offenbaren, erkundigt sich Loth genauer nach den Witzdorfer Bauerntöchtern und zeigt sich persönlich betroffen, als Schimmelpfennig auch diese in sein Urteil einschließt. Während sich Schimmelpfennig nochmals um Martha Hoffmann kümmert, beschwört die wieder hereineilende und zunehmend verängstigte Helene den über ihr Misstrauen befremdeten Geliebten, sie nicht zu verlassen und gleich nach der Geburt mit ihr abzureisen (S. 110 f.).

Da der erneut eintretende Arzt die eben abgehende Helene bemerkt hat, lenkt er das Gespräch auf Loths Beziehung zu ihr. Loths wortreiches Bekenntnis zu seiner Geliebten, mit der er ganz ernste Absichten verfolge, kommentiert Schimmelpfennig mit allgemeinen pessimistischen Einschätzungen

Bernd Stempel als Alfred Loth und Michael Schweighöfer als Doktor Schimmelpfennig in Andreas Kriegenburgs Inszenierung am Deutschen Theater Berlin (Premiere: 18. Juni 2000).

zum Ehestand, bevor er sich zu einer persönlichen Warnung durchringt: Wenn Loth seinen früheren Grundsatz, nur eine erbgesunde Frau heiraten zu wollen, nicht aufgegeben habe, könne er Helene nicht ehelichen. Der Arzt klärt Loth darüber auf, dass Hoffmanns erster Sohn schon als Dreijähriger alkoholsüchtig war und verblutete, als er sich auf der Suche nach Alkohol an den Scherben einer heruntergestoßenen Essigflasche geschnitten hatte. Martha Hoffmanns schwerer Alkoholismus rühre nicht von ihrem Mann, sondern von ihrem Vater her. Auch könne Hoffmann keine Rettung für Helene sein, da er erotische Interessen verfolge oder bereits zum Erfolg gekommen sei. Nach diesen Eröffnungen entschließt sich Loth, das Haus sofort zu verlassen, und schreibt einen Abschiedsbrief an Helene. Schimmelpfennig verspricht, ihr die Sachlage zu erläutern, und bietet Loth an, mit seinem Wagen zu ihm nach Hause zu fahren.

Hoffmann eilt herbei und bittet den Arzt dringlichst um Hilfe für seine ohnmächtig gewordene Frau (S. 120). Schimmelpfennig lässt Loth mit Hoffmann zurück, welcher bemerkt, dass sich der Gast zur Abreise bereitet hat. Als dieser ihm verspricht, die Gegend rasch zu verlassen und keine Studie über den hiesigen Bergbau zu schreiben, verabschiedet Hoffmann ihn freundschaftlich (S. 121). Nach Hoffmann verlässt auch Loth den Raum (S. 121). Nach einigen Augenblicken tritt Hoffmann wieder ein. Aus seiner neu gefundenen Ruhe reißt ihn Helene mit der Nachricht, dass seine Frau ein totes Kind geboren hat (S. 121 f.). Nach Hoffmanns Abgang sucht Helene nach Loth. Als aus dem Hintergrund die Stimme ihres aus dem Wirtshaus kommenden Vaters hörbar wird, findet sie Loths Abschiedsbrief. Eduard bestätigt der in Panik geratenen Helene, dass Loth im Wagen des Arztes weggefahren sei (S. 122 f.). Helene nimmt sich ein Jagdmesser und geht damit in Hoffmanns Zimmer, als die Stimme ihres Vaters lauter wird. Miele sucht nach Helene und schreit laut auf, als sie die Selbstmörderin in Hoffmanns Zimmer findet (S. 123). Bauer Krause betritt das Haus und grölt schwerst alkoholisiert, ob er nicht hübsche Töchter habe (S. 123 f.).

III Analyse und Deutung

1 Form

Traditionelle äußere Gestalt

In seiner äußeren Form ist Gerhart Hauptmanns *Vor Sonnenaufgang* nicht revolutionär. Formal folgt das Stück den tradierten Normen der dramatischen Gattung, wie sie im späten 19. Jahrhundert noch allgemein anerkannt waren. Diese Normen, die etwa Gustav Freytag (1816–1895) in seinem 1863 zuerst veröffentlichten, vielfach aufgelegten und noch lange verbindlichen Regelwerk *Die Technik des Dramas* beschrieben hat, sind in Hauptmanns Erstlingswerk in ihren Grundzügen gut zu erkennen. Das gilt nicht nur für die klassische Fünfaktigkeit des Dramas, die bereits der römische Dichter Horaz in seiner *Ars poetica* (›Dichtkunst‹) vorgeschrieben hat und die seitdem die Dramengeschichte beherrschte, sondern vor allem auch für die sogenannten ›aristotelischen Einheiten‹, die dem Namen nach auf die *Poetik* des griechischen Philosophen Aristoteles zurückgehen und in der Dichtungslehre der Frühen Neuzeit zu festen Vorschriften erklärt worden sind. Die Forderung, die ›drei aristotelischen Einheiten‹ zu beachten, zielt erstens auf den Handlungsort – das Drama soll an nur einem Ort spielen –, zweitens auf die zeitliche Ausdehnung der Handlung – sie soll möglichst gering sein, am besten nicht mehr als 24 Stunden umfassen – und drittens auf die Handlung selbst: Das gesamte Geschehen soll auf eine folgerichtig aufgebaute Haupthandlung konzentriert sein, es soll keine entbehrlichen Nebenhandlungen geben und jede einzelne Szene soll für den Gesamtaufbau notwendig sein.

Die beiden ersten Kriterien – die ›Einheit des Orts‹ und die ›Einheit der Zeit‹ – hat Hauptmann recht streng erfüllt: Sein Drama spielt durchgehend auf dem Bauerngut der Familie

Krause in einem kleinen schlesischen Dorf nahe der Kreisstadt Jauer. Der Ort der Handlung wechselt lediglich aktweise zwischen Innen- und Außenräumen. Das verdeutlichen die Skizzen aus der Erstausgabe: Die Akte I, III und V sind ganz im Wohn- und Esszimmer der Familie angesiedelt, die symmetrisch dazwischen geschobenen Akte II und IV auf dem Hof zwischen Wohnhaus und Stallungen. Im Haus selbst wird einzig der zentrale, für ein Bauernhaus auffallend luxuriös, auch mit einem typisch bürgerlichen ›Möbel‹ wie dem Klavier ausgestattete Raum gezeigt, in dem die Familie die Mahlzeiten einnimmt und Fremde empfängt. Die anderen, vor allem die privateren Räume des Hauses stehen dem Zuschauer nicht unmittelbar vor Augen, werden aber durch Hinweise im Dialog deutlich angezeigt: Hoffmann verfügt über ein eigenes Zimmer im Erdgeschoss, und für Loth steht trotz seines un-

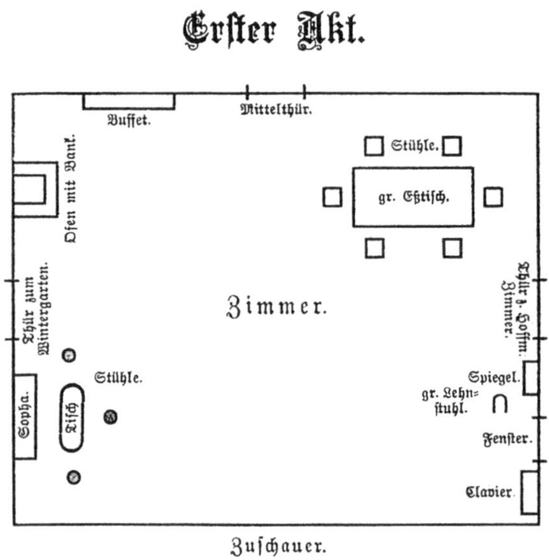

Skizze zum Bühnenraum (Akte 1, 3 und 5) aus der Erstausgabe.

angekündigten Besuchs ein Gästezimmer bereit; vom ehelichen Schlafzimmer, in dem Krauses zweite Frau mit ihrem Neffen verkehrt, ist ebenso die Rede wie von dem Raum im Obergeschoss, in dem Hoffmanns hochschwangere Frau von Dr. Schimmelpfennig behandelt wird und ihr Kind zur Welt bringt. Neben Küche und Keller müssen zudem weitere Zimmer und Kammern vorhanden sein, die von Helene und wohl auch einem Teil der Hausbediensteten genutzt werden. (Die in der Landwirtschaft tätigen Knechte und Mägde dürften dagegen im Gesindehaus neben dem Stall nächtigen). Den Übergang zwischen Innen- und Außenbereich bildet der an das Wohn- und Esszimmer grenzende Wintergarten, in dem sich die im zentralen Raum geführten Gespräche leicht mithören lassen (vgl. S. 82). Unmittelbar an das Wohnhaus angebaut ist auch die Laube im Vorgarten, in der Hoffmann den

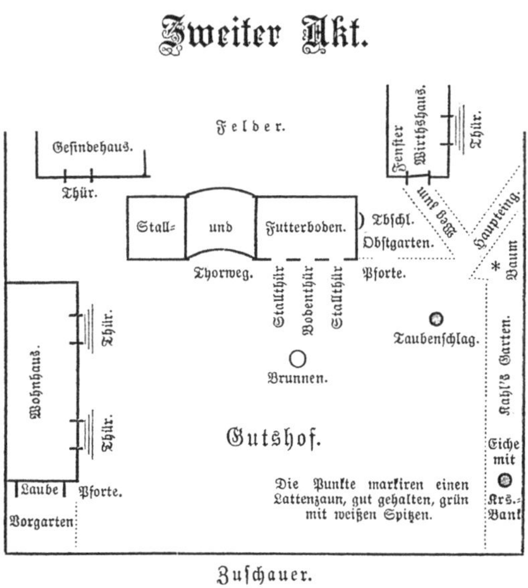

Skizze zum Bühnenraum (Akte 2 und 4) aus der Erstausgabe.

Kaffee servieren lässt und Helene ein einigermaßen vor Störungen geschütztes Rendezvous mit Loth haben kann.

Die beiden im Freien spielenden Akte erweitern den Blick in den Mikrokosmos des Hofs und des kleinen Dorfs. Die Bühne ist links begrenzt durch das Wohnhaus mit Laube, rechts durch den Zaun des von Kahl bewohnten Nachbarhofs und hinten durch Krauses Wirtschaftsgebäude mit Stall und Scheune. Wege und Toröffnungen geben die Sicht frei: links auf das zu Krauses Hof gehörende Gesindehaus, nach hinten auf seine Felder und rechts auf das Wirtshaus, den bevorzugten Aufenthaltsort des Bauern. Prägend für das Ortsbild, wie es in der Phantasie des Zuschauers entsteht, dürfte neben dem die Szene beherrschenden Bauernhof vor allem die Kohlegrube sein, in der die Bergleute tätig sind. Auffälligerweise keine Rolle spielen dagegen Kirche und Schule, die für traditionelle Dorfgemeinschaften gewöhnlich wichtigsten Institutionen; das Tischgebet wird bei Krauses nur pflichtgemäß absolviert (vgl. S. 28 f.). Der Zugang zum Bergwerk scheint nahe beim Dorf zu liegen – zumindest weist Helene auf die am eigenen Haus vorbeigehenden Bergleute hin (vgl. S. 23 f.), und Beibst warnt vor gefährlichen Erdrissen in angrenzenden Feldern (vgl. S. 47). Der Ort ist nicht an das Eisenbahnnetz angebunden, aber mit der Kutsche lässt sich die nächste Bahnstation in der Kreisstadt gut erreichen (vgl. S. 80). Anteil an den Errungenschaften der modernen Zivilisation hat man durch die Umstellung auf Gasbeleuchtung (vgl. S. 101) und den Anschluss ans Stromnetz, der den Einbau einer elektrischen Klingel (vgl. S. 18, 21, 69 und 79) und einer internen Sprechanlage erlaubt (vgl. S. 79). Mit Wasser versorgt man sich dagegen noch am eigenen Brunnen: Um frisches Wasser zu trinken, muss Helene über den Hof gehen (vgl. S. 86).

Die Lokalitäten des Dramas, deren genaue szenische Nachbildung für Hauptmann so wichtig war, dass er der Erstausgabe die auf den Seiten 50 und 51 dieses Bands abgebildeten Lageskizzen beigefügt hat, sind mit viel Bedacht gewählt und präzise ausgestattet. Dadurch möchte der Dramatiker erstens bereits im Handlungsraum das Milieu des Stücks deutlich markieren: »*Moderner Luxus auf bäuerische Dürftigkeit gepfropft.*« (S. 7) Das Bühnenbild soll dabei keine bestimmte reale Ortschaft wirklichkeitsgetreu abbilden, sondern in symptomatischer Konzentration solche Tendenzen der eigenen Zeit sichtbar machen, die zur gefährlichen Auflösung traditioneller Strukturen führen. Durch die Wahl zentraler Innen- und Außenräume sowie durch ihren planmäßigen Wechsel erreicht der Dichter zweitens, dass er die Hauptfiguren auf natürliche Weise in verschiedenen Konstellationen zusammenführen und mit einer Reihe von Nebenfiguren in Kontakt bringen kann.

Wie Hauptmann sein Drama an einem einzigen Ort bündelt, so verdichtet er die Handlung auch auf einen knappen, die ›klassischen‹ 24 Stunden nur geringfügig überschreitenden Zeitraum: Der Einsatzpunkt der Handlung liegt an einem frühen Abend im September, und am Ende des ersten Akts ist es noch hell und warm genug, um in die Laube zu gehen (vgl. S. 40); die Akte II bis IV reichen, lediglich durch minimale Zeitsprünge von »*wenige[n] Minuten*« (S. 60) beziehungsweise einer »*Viertelstunde*« (S. 84) voneinander getrennt, vom frühen Morgen (S. 41: »*gegen vier Uhr*«) bis in den Vormittag des nächsten Tages; und der letzte Akt, der in der darauf folgenden Nacht »*gegen zwei Uhr*« (S. 101) einsetzt, endet mit dem tragischen Schlusspunkt noch vor Sonnenaufgang.

Diesen Rhythmus von Nacht und Tag, Abend und Morgen hat Hauptmann einerseits durch wiederkehrende, für sich genommen wenig bedeutsame Alltagsbegebenheiten betont – etwa durch das morgendliche Futterholen oder die Heimkunft des Bauern, dessen identisch wiederholtes Gelalle (vgl. S. 41

bis 43 und 122–124) anzeigt, in welch engem Zirkel trunkener Bewusstlosigkeit er sich bewegt. Andererseits jedoch durchkreuzen ›besondere‹, einmalige Ereignisse diesen Zyklus, ohne aber die von der Wiederkehr des Gleichen getragene Macht des Milieus sprengen zu können. Spannung in den von Helene beklagten trostlos-öden Kreislauf alltäglicher Verrichtungen (vgl. S. 23), mit denen je auf ihre Weise Wilhelm Kahl und die Bergleute, der Arbeitsmann Beibst und die Mägde, aber auch der geistig verstörte ›Hopslabaer‹ ihre Tage fristen, bringt Hauptmann durch zwei Ereignisse, die er zufällig zu gleicher Zeit am gleichen Ort stattfinden lässt: Erstens hat sich Hoffmann mit seiner alkoholkranken Frau Martha in deren Elternhaus begeben, damit diese dort ihr Kind unter der Obhut eines bekannt guten Arztes zur Welt bringen kann. Die Erwartung der Geburt sorgt an sich schon für finale Zuspitzung und Spannung, denn der exakte Verlauf ist naturgemäß nicht präzise vorherzusehen. Zweitens bekommt Hoffmann – genau in dieser angespannten Situation – überraschenden Besuch von seinem Jugendfreund. Loth selbst führt diese Begegnung bewusst herbei: Er fährt in die Bergbauregion, um Anschauungsmaterial für eine sozialkritische Schrift zu sammeln, und als er in der Kreisstadt von Hoffmanns Aufenthalt in der Gegend hört (vgl. S. 15 f.), geht er absichtlich in das Dorf, um ihn um Geld und die Erlaubnis zu bitten, in seinen Gruben recherchieren zu dürfen. Von Loth nicht geplant ist hingegen das Zusammentreffen mit dem Studienfreund Dr. Schimmelpfennig und mit der Bauernfamilie, besonders mit Hoffmanns Schwägerin Helene.

Für die Familie Krause ist Loth ein (außer für Hoffmann) unbekannter und (selbst für diesen) unerwartet eintretender Gast. Solche Figuren, die von außen mehr oder weniger zufällig in ein Milieu hineinkommen und dort bewusst oder unbewusst für eine dramatische Zuspitzung der zuvor schon krisenhaften Situation sorgen, hat der Naturalismus so gerne benutzt, dass man für sie einen eigenen Namen geprägt hat: Loth ist ein typischer ›Bote aus der Fremde‹ (zuerst ausführlich 1936 beschrieben von Ernst Herbert Bleich).

Dass Hauptmann sein Stück auf einem ›Boten aus der Fremde‹ aufgebaut hat, zeigt sich schon daran, dass Anfang und Ende von Loth bestimmt sind. Seine Ankunft markiert den Einsatzpunkt des Bühnengeschehens, und seiner Abreise folgt lediglich noch das davon ausgelöste tödliche Finale. Entscheidenden strukturellen Gewinn zieht der Dramatiker ferner dadurch aus der Figur, dass er sie in eine ihr unvertraute Konstellation hineingeraten lässt. Als Milieufremder hat Loth natürliche Informationsdefizite, und umgekehrt zieht er die Aufmerksamkeit der besuchten Familie auf sich. Beide Umstände ermöglichen es, auf der Bühne einige Themen anzusprechen, die im eingespurten Alltag nicht behandelt werden würden – sei es, weil sie ohnehin allen Familienmitgliedern bekannt sind und es daher keinen Anlass gibt, über sie zu reden; sei es, weil die konfliktträchtigen ›Lebenslügen‹ der Figuren tabuisiert und somit aus der familiären Routinekommunikation ausgeklammert sind.

Indem Hauptmann die Form seines Stücks von dem ›Boten aus der Fremde‹ aus konzipiert, kann er zugleich die ›aristotelischen Einheiten‹ erfüllen. Loth ist nämlich nicht nur eine handlungsauslösende und -vorantreibende Figur – seine Ankunft und sein Verhalten Helene gegenüber steigern die familiären Konflikte rasch zur Katastrophe –, sondern auch eine Gestalt, durch deren unerwartetes Kommen in knapper Zeit an gleichbleibendem Ort zurückliegende und verstreute Informationen gebündelt werden können. Wie Hauptmann diese für den Zuschauer nötigen Kenntnisse in möglichst zwanglos herbeigeführte Gespräche integriert, zeigt die Analyse des Aufbaus, den er den einzelnen Akten gegeben hat.

Gestaltung der Akte: bewegte Szenen und zentrale Dialoge

Die Form des Stücks zielt auf die realistische Nachbildung eines Ausschnitts aus der zeitgenössischen Wirklichkeit. Hauptmann erreicht dies nicht nur durch den Gebrauch alltagsnaher Prosasprache (zum Einsatz verschiedener Sprachregister vergleiche die Interpretation der Abendessensszene auf den Seiten 97–100 dieses Bands), sondern auch durch einen ›natürlich‹ wirkenden Aufbau der Akte. Da der Dramatiker auf eine ausgewiesene Binnengliederung der Akte verzichtet – die Auftritte und Abgänge des Personals sind zwar in den Regiehinweisen genau vorgegeben, aber die einzelnen Szenen werden nicht, wie in Dramentexten gängig, mit eigenen, aktweise durchgezählten Zwischentiteln versehen –, gehen die Szenen fließend ineinander über oder werden durch kurze Momente der leer bleibenden Bühne voneinander abgesetzt (ausdrücklich erwähnt auf den Seiten 40, 43, 49, 121 und 123). Indem er alle Zeitsprünge innerhalb der Akte vermeidet und sukzessive Veränderungen der Beleuchtung vorschreibt (etwa S. 41: *»ein grau-fahler Morgenschein […], der sich ganz allmählich im Laufe des Vorgangs zu einer dunklen Röte entwickelt, die sich dann, ebenso allmählich, in helles Tageslicht auflöst«*), will Hauptmann den Eindruck erzeugen, der Zuschauer würde keinen künstlich geformten, sondern einen natürlich ablaufenden Prozess miterleben. Gleichwohl ist gut zu erkennen, dass der Dramatiker die Akte bewusst gestaltet hat: Er eröffnet sie regelmäßig mit kurzen, oft schnell wechselnden Auftritten, bevor er das Geschehen für längere Dialoge beruhigt, um es dann wieder mit einer schneller ›getakteten‹ Auftrittsfolge zu beenden.

Diese Rahmenform – kurze Auftritte zu Anfang und Ende der Akte, die im Zentrum stehende längere Dialoge umschließen – bestimmt mehr oder weniger deutlich sämtliche fünf

Akte. Keiner beginnt sogleich mit dem bedeutsamsten Gespräch. Vielmehr wird stets eine kürzere Szene oder Szenenfolge vorgeschaltet: im ersten Akt die unwirsche Begrüßung Loths durch Frau Krause (vgl. S. 7 f.); im zweiten die Heimkehr des Bauern sowie Loths nochmals untergliederte Unterhaltung mit Beibst (vgl. S. 41–49); im dritten der Gedankenaustausch zwischen Hoffmann und dem Arzt (vgl. S. 60–62); im vierten eine ganze Reihe kurzer Szenen mit raschen und sich überlagernden Personenwechseln (vgl. S. 84–89); und im fünften Loths Gespräch mit dem Diener Eduard (vgl. S. 101–103).

Ebenso werden alle Akte nicht mit dem jeweils zentralen Dialog, sondern mit bewegteren Aktionen beschlossen, an denen auffälligerweise stets Helene beteiligt ist: der erste Akt mit den überstürzten Abgängen Helenes, Kahls, Frau Krauses und Frau Spillers, nach denen Hoffmann seinen verwirrten Gast mit nach draußen nimmt und Helene nochmals alleine auf die Bühne kommt (vgl. S. 39 f.); der zweite mit dem um die Entlassung der Magd entbrennenden Machtkampf zwischen Helene und ihrer Stiefmutter (vgl. S. 58 f.); der dritte mit Helenes Liebesbekenntnis (vgl. S. 82 f.); der vierte mit der Nachricht, dass die Geburt in Gang komme, und Helenes selbstbestimmtem Gang zum Arzt (vgl. S. 98–100); und der fünfte mit ihrem verzweifelten Selbstmord (vgl. S. 121–124).

Die so eingerahmten Zentralgespräche variiert Hauptmann gleichfalls nach Anzahl und Zusammensetzung: Im ersten Akt, in dem er das Dramenpersonal und seine Verhältnisse exponiert, spricht der Neuankömmling Loth ›natürlicherweise‹ zunächst mit seinem alten Freund Hoffmann (vgl. S. 9–18), nach eingeschalteten Überleitungsszenen erstmals alleine mit Helene (vgl. S. 22–26) und schließlich beim Abendessen mit weiteren, nach und nach hinzutretenden Familienmitgliedern (vgl. S. 26–39). Der zweite Akt gibt Helene die erste Möglichkeit eines längeren ungestörten Zwiegesprächs mit Loth (vgl.

S. 50–58). Im dritten Akt wechseln Gespräche zwischen den drei Hauptpersonen einander ab: erst Helene mit ihrem Schwager Hoffmann (vgl. S. 63–69), dann Loth und Hoffmann, zunächst in Anwesenheit der kaum beteiligten Helene (vgl. S. 69–75) und abschließend ohne sie (vgl. S. 75–82). Das Zentrum des vierten Akts gehört ganz dem Liebespaar (vgl. S. 89–98), und der fünfte Akt ist wesentlich von der (durch Zwischendialoge mit Helene unterbrochenen) ›Aufklärung‹ Loths durch den Arzt bestimmt (vgl. S. 103–120).

Zum Prinzip einer ›natürlichen‹ Gestaltung der Gesprächssituationen und -verläufe gehört ganz entscheidend auch, dass in *Vor Sonnenaufgang* zwei traditionell beliebte dramatische Redeformen gerade *nicht* verwendet werden: das ›Beiseitesprechen‹ und der Monolog. Beim ›Beiseitesprechen‹ befindet sich eine Figur im Dialog mit einer anderen, spricht aber einen Teil ihrer Aussagen (wie es in der Regie gewöhnlich heißt) *»bei Seite«*, *»für sich«* oder *»a parte«*. Diese beiseitegesprochenen Worte, in denen die Figur meist ihre eigentliche, dem Gesprächspartner verborgene Meinung offenbart, werden von diesem nicht gehört, wohl aber vom Publikum. Beim Monolog entwickelt eine alleine auf der Bühne stehende Figur ausführlich ihre Gedanken, ihre Entscheidungsnöte und die Intentionen ihres Handelns. Da derartige Versprachlichungen gedanklicher Inhalte in der alltäglichen Kommunikation normalerweise nicht vorkommen und damit als unwahrscheinlich sowie unnatürlich gelten müssen, verzichten die meisten naturalistischen Dramatiker konsequent auf diese Mittel – ganz im Gegensatz zum älteren Drama, das dem Zuschauer durch das ›Beiseitesprechen‹ genaueren Einblick in die Gedankengänge der Figuren gibt und die großen Helden (wie Hamlet, Iphigenie oder Wallenstein) gerade dadurch auszeichnet, dass sie ihre Lage in zentralen Monologen überdenken können.

Dass in Hauptmanns *Vor Sonnenaufgang* der ausführliche Monolog nicht nur zufällig fehlt, sondern ganz bewusst vermieden wird, zeigt sich an einigen Szenen, in denen die drei zentralen Figuren – Helene, Loth und Hoffmann – jeweils alleine auf der Bühne sind, aber nur ganz wenig oder gar nichts reden: Nach dem ersten Dialog mit Loth *»kratzt«* sich Hoffmann *»den Hinterkopf, blickt nachdenklich auf den Fußboden, geht dann auf die Tür rechts zu«* (S. 19), bevor die eintretende Helene ihn in ein neues Gespräch verwickelt. Vor der ersten Begegnung mit Loth *»tritt«* die alleine im Raum verbliebene Helene *»vor den Spiegel, ordnet dies und das an ihrer Toilette«* (S. 21 f.). Verlegt Hauptmann die Gedanken der Personen – Hoffmanns Reflexion, wie er den unliebsamen Gast möglichst schnell wieder loswerden kann, sowie Helenes Wunsch, auf den gebildeten Besucher nicht allzu bäuerlich zu wirken – hier ganz in ihre Gestik, so kann Helene am Ende des ersten Akts, als sie selbst zum Streit und damit zu einer wenig gastfreundlichen Stimmung beigetragen hat, ihre aufkeimenden Gefühle und ihre Hoffnung auf Loth sowohl nonverbal (*»erregt, mit verweinten Augen, das Taschentuch vor den Mund haltend«*, *»hastig«*, *»mit gespanntem Ausdruck«*, *»Bittend und mit gefalteten Händen, inbrünstig«*) als auch in zwei kurzen Ausrufen äußern: »Oh! nicht fort! […] Oh! nicht fort, geh nicht fort!« (S. 40)

Versonnen *»schlendert«* (S. 49) Helene im zweiten Akt zunächst durch Hof und Garten, bevor sie zunehmend unruhig auf den herannahenden Loth wartet (vgl. S. 49 f.). Wortlos aufgewühlt zeigt sich Helene dagegen wieder in der Eingangsphase des dritten Akts, als sie vor dem Gespräch mit Hoffmann den leeren Raum betritt, *»das Taschentuch vor den Mund gepreßt, schluchzend, außer sich«*, und *»sich auf das Sofa«* fallen lässt (S. 62). Am Ende des gleichen Akts gibt Hauptmann dann Loth die Chance, seine innere Konsequenz in einer entschlossenen Handlung zu demonstrieren: Als Hoffmann ihn mit dem Hinweis auf seine finanzielle Bedürftigkeit erniedrigen möchte (»Ich brauche niemand um zweihundert Mark anzupumpen«), zerreißt der selbstbeherrscht zurückbleibende Loth *»ruhig«* den am Abend zuvor von Hoffmann ausgestellten Scheck, spricht aber die ihn bewegenden Gedanken nicht aus (S. 82). Nahezu stumm bleiben die drei Figuren auch am Ende des Dramas, als Hauptmann ihnen nochmals Solo-Szenen zuteilt: Loth *»wendet sich, bevor er zur Tür hinaustritt, noch einmal nach rückwärts«* und sinnt einen Moment nach, bevor er nach einem lakonischen Kommentar mit *»eine[m] letzten Blick«* abgeht (S. 121); bevor Hoffmann von der Totgeburt seines Kindes erfährt, deutet er seine Zufriedenheit darüber an, dass Loth eben aus seinem Umkreis verschwunden ist, indem er *»unverhältnismäßig ruhig sein Notizbuch«* zückt und etwas *»rechnet«* (S. 121); und Helene äußert ihre Gefühle im bewegten Schlussauftritt ebenfalls vorrangig gestisch und kaum mehr sprachlich (vgl. S. 122 f.; vergleiche dazu die Interpretation auf den Seiten 104–108 dieses Bands).

Hauptmann lässt nicht nur (was traditionelle Schauspieldichter vermieden haben) innerhalb der Akte einige Male die Bühne leer, um den symbolträchtigen Raum für sich wirken zu lassen, sondern er steuert immer wieder auf dramatische Situationen zu, in denen ein ausführlicher Monolog möglich wäre – ältere Dramatiker hätten diese Chancen gewiss ergriffen. Gerade dass Hauptmann solche Situationen schafft, sie aber nicht konventionell monologisch ausgestaltet, belegt eindrücklich, wie gut er die dramatische Tradition gekannt und wie gezielt er sich von ihr abgesetzt hat. Bei aller äußeren Regelhaftigkeit – der Einhaltung der Ort- und Zeit-›Einheiten‹ – ist die formale Gestaltung seines Stücks in diesem wichtigen Punkt entschieden fortschrittlich. Immer dort, wo Konventionen der Gattung ›unnatürliche‹ Redeformen erlaubten, nahelegten oder gar verlangten, hat Hauptmann zu anderen,

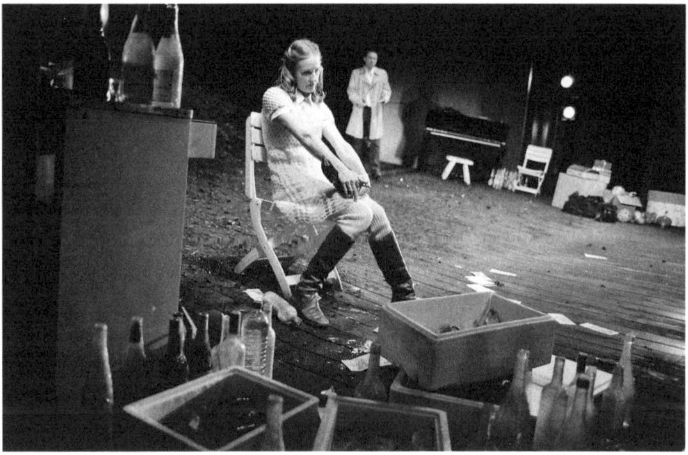

Paula Dombrowski als Helene Krause in David Böschs Inszenierung am Thalia Theater Hamburg aus dem Jahr 2009.

oft gestisch-sprachlosen Mitteln der Dramatisierung gegriffen. Damit fördert er beim Zuschauer den Eindruck, er erlebe einen Vorgang mit, der sich so auch in der Realität ereignen könne. Nach einer bei naturalistischen Dramatikern gängigen Vorstellung ist das Publikum durch eine ›vierte Wand‹ völlig vom Bühnenraum abgetrennt, kann durch diese transparente Wand hindurch jedoch einem scheinbar lebensechten Geschehen zuschauen: Die imaginierte ›vierte Wand‹ ist zwar optisch und akustisch durchlässig, sie trennt Bühnenpersonal und Zuschauer aber zugleich so strikt voneinander ab, dass keine direkte Kommunikation zwischen ihnen möglich ist. Die Schauspieler sollen den Bühnenraum als rundherum abgeschlossen begreifen und daher so spielen, als wüssten sie nichts von der Anwesenheit der Zuschauer, als wären sie wirkliche Personen in einem geschlossenen Raum.

Um in diesem Sinne ›Natürlichkeit‹ zu suggerieren, ersetzt Hauptmann den traditionellen Wechsel dialogischer und monologischer Szenen durch die oben dargestellte Mischung nebensächlich-bewegter Handlungsszenen mit längeren zentralen Gesprächsszenen. Genau aus dieser Kombination ergibt sich aber, dass Hauptmann die ›Einheit der Handlung‹ nicht so streng einhalten kann und will, wie Aristoteles und seine klassizistischen Nachfolger es gefordert und getan haben. Im strengen Sinne verlangt die ›Einheit der Handlung‹ nämlich, dass jede einzelne Szene für den Gesamtablauf zwingend erforderlich ist und dass sie an ihrem jeweiligen Platz eine präzise, unverzichtbare Funktion für die Gesamtstruktur des Dramas hat: Keine Szene darf ausgelassen oder auch nur umgestellt werden, sonst fällt die Architektur eines Dramas, das als Ganzes perfekt gebaut ist, in sich zusammen. In diesem strengen Sinne erfüllt *Vor Sonnenaufgang* das Kriterium einheitlicher Handlungsführung nicht. Zwar bauen die hauptsächlichen Handlungsschritte – Loths Erscheinen als ›Bote aus der Fremde‹, die entstehende Zuneigung zu Helene und die gemeinsamen Zukunftspläne, Loths ›Aufklärung‹ durch den Arzt und seine Abreise sowie Helenes Selbstmord – kausal aufeinander auf. Viele Details aber sind für den Fortgang der Handlung funktional nicht erforderlich und sie müssten auch nicht notwendig an einer bestimmten Stelle stehen. Drei signifikante Beispiele: Für den Handlungsverlauf völlig entbehrlich ist der Auftritt des *»verwahrlosten Bauernburschen«* Baer, der zu Beginn des vierten Akts die Bühne überquert und sogleich wieder abgeht, nachdem er *»sein Sandgeschäft abgewickelt«* hat (S. 86 f.). Ohne wirklichen Zusammenhang mit dem zentralen Geschehen bleibt auch der Auftritt der armen *»Kutschenfrau«*, die im Kuhstall etwas Milch für ihre acht Kinder melkt (vgl. S. 88 f.). Ebenfalls eher lose in den Gesamtverlauf eingebaut ist die Magd Marie, die von Frau Krause aufgrund ihres unsittlichen Verhaltens entlassen wird und wenig später den Hof verlässt (vgl. S. 58 f. und 84 f.).

Die Notwendigkeit dieser Szenen, die ein streng ›aristotelischer‹ Dramatiker als funktional störende, weil episch-breite Schilderungen verworfen hätte, ergibt sich für Hauptmann nicht nur daraus, dass er das Lokalkolorit eines schlesischen Gutshofs erfassen und das dortige Leben in seiner ganzen drastischen Fülle auf die Bühne stellen wollte. Diese Nebenfiguren und -handlungen dienen ihm vor allem dazu, das Wesen der bedeutenderen Figuren genauer auszuleuchten: Wilhelm Kahl zeigt seine Charakterlosigkeit, indem er Baer zum ›Hopsen‹ anstiftet und sich über dessen *»Luftsprung [...] vor Lachen wiehernd«* amüsiert (S. 87). Umgekehrt beweisen die einfachen Leute ihre Solidarität, wenn sie der Kutschenfrau helfen, unbemerkt aus dem Stall zu entweichen (»Koanst kumma, Kutschen, ma sitt kenn«), und Verständnis für die erotischen Bedürfnisse der ledigen Magd Marie aufbringen: »Amool wiil jedes! – au de Frau.« (S. 89) An der Entlassung dieser Magd kann Hauptmann zudem die Doppelmoral von Frau Krause und Helenes unter Loths Einfluss wachsendes Selbstbewusstsein kenntlich machen: Kurz nachdem sie selbst die Nacht mit dem Bräutigam ihrer Stieftochter verbracht hat, kündigt Frau Krause der Marie, weil diese mit einem Knecht geschlafen hat, und Helene setzt die Rücknahme der Kündigung durch, indem sie droht, dem Vater von Kahls nächtlichen Besuchen bei seiner Tante zu erzählen (vgl. S. 59).

Hauptmann formt *Vor Sonnenaufgang* insgesamt nach hergebrachten Regeln, setzt sich aber dann über sie hinweg, wenn sie seinem Ziel einer naturalistischen Darstellung widersprechen. Statt den Handlungsverlauf strikt nach dem Gebot der Kausalität und Einheitlichkeit zu organisieren, erweitert er seine Schilderung des sozialen Lebens durch mehrere – handlungslogisch nicht erforderliche – epische Momentaufnahmen, die aber entscheidend zur Ausdifferenzierung des Milieus und zur Vertiefung der Charakterzeichnung beitragen.

2 Figuren

Das Personenverzeichnis (vgl. S. 6) gliedert Hauptmann, wie in traditionellen Dramentexten üblich, nach Verwandtschafts- und Hierarchieverhältnissen. An der Spitze steht der Bauerngutsbesitzer Krause. Es folgen seine zweite Frau sowie Helene und Martha, seine Töchter aus erster Ehe. Angeschlossen sind Krauses Schwiegersohn, der Ingenieur Hoffmann, sowie der Neffe von Frau Krause, Wilhelm Kahl, der zugleich Helenes Bräutigam ist. Frau Spiller, als Gesellschafterin bei Frau Krause tätig, ist ebenfalls mit in dieser ersten Figurengruppe aufgeführt und damit vom niederen Dienstpersonal abgesetzt. Als gesellschaftlich höhergestellte und für die Handlung wichtige, aber nicht zur Familie gehörende und auch nicht bei ihr angestellte Figuren werden Alfred Loth und Dr. Schimmelpfennig in der Mitte des Verzeichnisses genannt. Die zweite große Gruppe setzt sich aus sozial untergeordneten Nebenfiguren zusammen. Die meisten von ihnen stehen bei Bauer Krause und seinen Familienangehörigen in Diensten: Der Arbeitsmann Beibst und die drei Mägde Guste, Liese und Marie arbeiten ebenso auf dem Hof wie der Kuhjunge Golisch. Miele dient als Hausmädchen bei Frau Krause und Eduard ist Hoffmanns Diener. Die Frau des Kutschers, der Bauernbursche Baer und der Paketträger sind dagegen persönlich nicht direkt oder nur lose an den Hof gebunden.

Schon diese erste Bestandsaufnahme zeigt: Hauptmann hat seine ›dramatis personae‹ (›Personen des Dramas‹) so zusammengestellt, dass er viele verschiedene dienstliche und verwandtschaftliche Abhängigkeiten zwischen den Figuren ausgestalten und problematisieren kann. Um diese Verhältnisse, die das Handeln der Figuren entscheidend bestimmen, umfassend in den Blick zu bekommen, wird das Dramenpersonal im Folgenden vollständig gemustert. Dabei ist es zweckmäßig, mit den Nebenpersonen zu beginnen, die meist in einfachen Dienstverhältnissen stehen, dann mit den Mitgliedern der Familie Krause fortzufahren, die in wesentlich komplexere Strukturen eingebunden sind, und zuletzt mit Loth und Schimmelpfennig diejenigen Figuren zu beschreiben, die vom zentralen Familienverbund sozial unabhängig sind.

Nebenfiguren

Sortiert man das Nebenpersonal nach der Häufigkeit und Bedeutung seiner Auftritte, dann stehen die im Personenverzeichnis zuletzt genannten Figuren – der Kuhjunge und der Paketträger – am unteren Ende dieser Skala. Den kürzesten Auftritt hat der Postbote: Er liefert ein Paket bei Hoffmann ab und geht gleich wieder (vgl. S. 20). Auffällig an ihm ist allein seine gute Laune: Die Krauses, die sich Luxusgüter aus den Großstädten aufs Land schicken lassen, sind offenbar Kunden, denen der Paketträger gerne etwas bringt. Ansonsten dient sein Auftritt vor allem als Anlass für eine neue Wendung des Gesprächs zwischen Hoffmann und Helene. Da die Kiste eine – für damalige ländliche Verhältnisse – ungewöhnlich große Menge an »Kindersachen von Hertzog« enthält (S. 20; das Berliner Manufakturwarengeschäft von Rudolph Hertzog entwickelte sich im Laufe des 19. Jahrhunderts zu einem der bedeutendsten Versandhäuser), entsteht eine kurze Meinungsverschiedenheit über den Sinn einer solch umfangreichen Bestellung, bevor beide ihre Sorgen über den Zustand von Helenes Schwester austauschen.

Nur etwas länger als der Paketträger hat der Kuhjunge Golisch auf der Bühne zu tun. Zu Beginn des vierten Akts hilft er der von Frau Krause entlassenen Marie, ihr Hab und Gut in *»einer hölzernen Lade die Bodentreppe herunter«* zu tragen und auf einem *»Schubkarren«* zu befestigen, den er anschließend vom Hof schiebt (S. 84 f.). Trotz der Kürze seines Auftritts zeigt Golisch ansatzweise individuelle Züge: Er hilft der Magd offenbar freiwillig und nimmt die von ihr angebotene Entlohnung nur widerstrebend an.

Während der Paketträger sein berufliches Auskommen hat und Golisch wohl auf niedrigstem Niveau am Hof beschäftigt ist, repräsentieren die beiden anderen nur ein Mal auftretenden Figuren – Baer und die Kutschenfrau – die unterste, am Existenzminimum dahinvegetierende Sozialschicht. Baer wird im Regietext ausführlich vorgestellt:

> *Durch den Haupteingang kommt Baer, genannt Hopslabaer. Ein langer Mensch mit einem Geierhalse und Kropfe dran. Er geht barfuß und ohne Kopfbedeckung; die Beinkleider reichen, unten stark ausgefranst, bis wenig unter die Knie herab. Er hat eine Glatze; das vorhandene braune, verstaubte und verklebte Haar reicht ihm bis über die Schulter. Sein Gang ist straußenartig. An einer Schnur führt er ein Kinderwägelchen voll Sand mit sich. Sein Gesicht ist bartlos, die ganze Erscheinung deutet auf einen einige Zwanzig alten, verwahrlosten Bauernburschen.* (S. 85 f.)

Der erbarmungswürdigen äußeren Gestalt, die von Krankheit und Ernährungsmangel gezeichnet ist, entspricht ihr hilfloses Verhalten. Der im Dorf allseits bekannte Baer bringt Sand zum Hof, den er *»mit merkwürdig blökender Stimme«* anbietet (S. 86). Ob seine Lieferung bestellt war, bleibt ebenso unklar wie der Zweck der Ware – da sie vom Hausmädchen in Empfang genommen wird, darf man vermuten, dass es sich um Scheuersand handelt, wie man ihn früher zur Reinigung von Fußböden und Töpfen verwendet hat. Dass man ihm etwas abkauft, mag ein Zeichen des Mitgefühls mit dem heruntergekommenen jungen Mann sein, den man als ›Dorfdepp‹ nicht ganz verhungern lässt, weil seine Sonderlichkeit (jedenfalls für Kahl) ihre grotesk-amüsanten Seiten hat.

Nicht weniger mitleiderregend ist die »*Kutschenfrau*«: »*eine magere, abgehärmte und ausgehungerte Frauensperson*« (S. 88). Ihr Elend dürfte sich aus dem geringen Verdienst ihres Mannes (möglicherweise ist die hier als »Kutscha-Franzen« bezeichnete Frau mit jenem »Franz« verheiratet, den Hoffmann die Pferde anspannen heißt, S. 79) und ihrem Kinderreichtum ergeben: »Acht kleene Bälge« hat sie zu ernähren, und da sie von den hartherzigen Hofbesitzern keinen »Truppen Milch« erhält, ist sie darauf angewiesen, unter dem Schutz der Mägde unerlaubt eine der Kühe zu melken (S. 89).

Etwas besser gestellt, aber gleichwohl in einem ›prekären Arbeitsverhältnis‹ beschäftigt sind die drei Mägde Guste, Liese und Marie. Sie haben – unter Aufsicht von Beibst (siehe etwa seine Anweisung auf Seite 47) – einfache Arbeiten in der Landwirtschaft zu verrichten und unterstehen der Autorität der Hausherrin, die eine von ihnen am Ende des vierten Akts zur Hebamme schickt (vgl. S. 98). Die geringverdienenden Mägde können nichts ansparen und haben deshalb keine realistische Chance auf eine Ehe. Ihre sexuellen Bedürfnisse können sie so nur in verborgenen, nicht legitimierten Beziehungen befriedigen. Als die Herrin durch ihre Gesellschafterin vom intimen Verhältnis zwischen Marie und dem nicht auftretenden Groß- oder Pferdeknecht erfährt (vgl. S. 58 f. und 89), kündigt sie der Magd fristlos – für den Mann bleibt der Vorfall wohl ohne Konsequenzen. Marie kann der ›Verräterin‹ zwar Rache androhen (vgl. S. 58 f.), doch müsste sie ihre Entlassung schutzlos erdulden, böte diese nicht Helene den Anlass zu einer Machtprobe mit ihrer Stiefmutter, die durch den ›Fehltritt‹ mit ihrem Neffen angreifbar ist. Dass die Magd, obwohl ihr eine Gehaltszulage angeboten wird, den Hof verlässt, zeugt von ihrer moralischen Überlegenheit: Sie möchte »[e]hnder derhingern« (›eher verhungern‹), als von einer solchen Herrin ein »poar Greschla« annehmen (S. 85).

Nicht minder kritisch gegenüber den Bauerngutsbesitzern ist auch der hinkende Arbeitsmann Beibst eingestellt. Durch ernüchternde Erfahrungen hat der Sechzigjährige (vgl. S. 41), der in der Hierarchie des Hofs eine mittlere Stellung einnimmt, sich aber als Besitzloser nicht aus der Abhängigkeit lösen konnte, einen zutiefst skeptischen Blick auf die Verhältnisse gewonnen. Er geht mürrisch, aber pflichtbewusst frühmorgens seinem Dienst nach und hilft seinem Herrn, als dieser volltrunken hinstürzt (vgl. S. 43), benennt jedoch schonungslos die Übel, die mit der Abkehr von der traditionellen bäuerlichen Wirtschaft einhergehen: die Verwahrlosung der Felder, die man lieber brach liegen lässt, als sie den Armen zu geben (vgl. S. 45), und die rund um das Dorf drohende Einsturzgefahr, die sich aus der schlechten Sicherung der Bergwerke ergibt (vgl. S. 47). Die tiefer liegenden Gründe seines Misstrauens und Missmuts – durch Geld lässt er sich vorübergehend etwas milder stimmen (vgl. S. 47), auch von Kahl nimmt er ›Schweigegeld‹ an (vgl. S. 43 f.) – klärt erst Helene auf: Beibst hat zwei seiner drei Söhne, die sich alle als Bergleute verdingten, durch Arbeitsunfälle verloren (vgl. S. 56); und seine spezielle Abneigung gegen Kahls Jagdleidenschaft rührt daher, dass Beibst, der früher Kutscher bei Kahls Vater war, von diesem bei einem Streit angeschossen wurde (vgl. S. 57). Bei all dem weiß Beibst zu differenzieren – von der Pauschalverurteilung aller Ärzte nimmt er Dr. Schimmelpfennig aus (vgl. S. 48) – und sich ein Grundverständnis für die Nöte der schlechter Gestellten zu bewahren (vgl. S. 89).

Viel weniger profiliert ist demgegenüber Hoffmanns Diener Eduard. Meist führt er völlig unauffällig die Anordnungen seines Herrn aus (vgl. S. 19, 22, 40 und 102 f.) und gibt selbst noch der verzweifelten Helene korrekt Auskunft über Loths Verbleib (vgl. S. 122 f.). Nur als ihm die Schmerzensschreie von Hoffmanns in den Wehen liegender Frau den Schlaf rauben, lässt er sich im Gespräch mit Loth zu Klagen des ›einfachen Mannes‹ hinreißen, die in eine scharfe Kritik an den untätigen Reichen (»so'n faules, nichtsnutziges Pack«) und in freimütige Bewertungen Helenes (»'n jutes Mächen«), Hoffmanns (»'t reene Weib«) und Dr. Schimmelpfennigs (»Det is'n Mann«) übergehen (S. 101 f.).

Frau Krauses Hausmädchen Miele, *»eine robuste Bauernmagd mit rotem, etwas stumpfsinnigen Gesicht«* (S. 7), geht auf ihre – viel rustikalere – Art ebenfalls weitgehend in ihrer dienstbaren Funktion auf, begrüßt Loth freundlich (vgl. S. 7), ruft ihre Herrin mit derben Worten zu Tisch (vgl. S. 27) und wird von dieser *»gebieterisch«* ins Haus gerufen, als Helene sie zu Dr. Schimmelpfennig schicken möchte (S. 99). Wie sie in diesem Konflikt ihre Diensttreue zu Frau Krause beweist, so verweigert sie sich auch eingangs schon *»batzig«*, als sie eine von Helene erteilte Anordnung an Hoffmanns Diener weitergeben soll (S. 21).

Dass es im Hause Krause klare Koalitionen und heftige Fraktionskämpfe gibt, zeigt sich deutlicher noch an Frau Spiller, Frau Krauses Gesellschafterin:

> *Sie ist klein, schief und mit den zurückgelegten Sachen der Frau Krause herausgestutzt. Während Frau Krause spricht, hält sie mit einer Art Andacht die Augen zu ihr aufgeschlagen. Sie ist etwa fünfundfünfzig Jahre alt; ihr Ausatmen geschieht jedesmal mit einem leisen Stöhnen, welches auch, wenn sie redet, regelmäßig wie »m« hörbar wird.* (S. 28)

Frau Spiller hat Frau Krause nicht nur anzukleiden, zu frisieren und zu schminken, sondern unterstützt ihre Herrin umfassend bei der Neuorientierung am Lebensstil höherer Schichten und bei der Ausübung ihrer häuslichen Herrschaft. Wäre Frau Spiller darauf beschränkt, die sozialen Ambitionen der Bäuerin zu befördern, indem sie ihr nach dem Mund redet, penetrant ihre Verweise auf den Adel wiederholt (etwa S. 28, 32 und 33) oder den Geschmack ihrer Herrin lobt (vgl. S. 31), dann wäre sie bloß eine komische Figur. Doch agiert sie auch als ›Sittenpolizistin‹, die Maries Bettgeschichte an Frau Krause verrät (vgl. S. 58 f.; später soll sie die Magd zum Bleiben bewegen, vgl. S. 85), schon am ersten Abend Helenes Interesse an Loth spitzzüngig kommentiert (vgl. S. 37) und am nächsten Tag Kahl aus angeblich guter Quelle mitteilt, Loth sei ein »gefährlicher Mensch« (S. 88). Dass es ihr dabei weniger um moralische Prinzipien als vielmehr um Macht und eigenes Fortkommen geht, zeigt das Angebot an Kahl, dieser möge, falls Helene ihn wegen Loth verschmähe, mit ihr vorlieb nehmen, denn ihr »Gewissen« sei »wie reiner Schnee« (S. 87).

Frau Krause

Mehr noch als ihre Gesellschafterin ist Frau Krause vom Streben nach Besitz, Macht und Ansehen geprägt. Schon mit ihrem ersten Auftritt rückt sich das »*Bauernweib*«, das »*im Gesicht blaurot vor Wut*« auf die Bühne »*stürzt*«, in ein schlechtes Licht:

> *Sie ist nicht viel besser als eine Waschfrau gekleidet. Nackte rote Arme, blauer Kattunrock und Mieder, rotes punktiertes Brusttuch. Alter: Anfang Vierzig – Gesicht hart, sinnlich, bösartig. Die ganze Gestalt sonst gut konserviert.* (S. 7)

Der negative erste Eindruck, den die Bäuerin durch ihre Feindseligkeit gegenüber Loth hinterlässt, verstärkt sich, wenn sie »*furchtbar aufgedonnert*« mit »*Seide und kostbare[m] Schmuck*« zum Abendessen erscheint; auch hier nutzt Hauptmann den Nebentext über die äußere Beschreibung hinaus zur wertenden Charakterisierung: »*Haltung und Kleidung verraten Hoffart, Dummstolz, unsinnige Eitelkeit*« (S. 27).

Verena Reichhardt als Frau Krause in David Böschs Inszenierung von »Vor Sonnenaufgang« am Thalia Theater aus dem Jahr 2009.

Frau Krause möchte ihre mangelnde Bildung und ihren bäuerlichen Stand mit Luxuskonsum und adligen Umgangsformen kompensieren, kann aber ihre ländliche Herkunft schon deshalb nicht verleugnen, weil sie trotz aller Bemühungen um einen gepflegten Ausdruck immer wieder ins dialektale Sprechen verfällt. Rasch wird aber deutlich, dass sich die Funktion der Figur nicht darin erschöpft, den Typus einer lächerlichen ›Neureichen‹ zu repräsentieren: Frau Krause zielt nämlich rücksichtslos darauf, den Hof vollständig unter ihre Kontrolle zu bringen. Die Heirat des reichen und verwitweten Alkoholikers Krause hatte wohl nie ein anderes Ziel, als an dessen Geld zu gelangen, und ihr Plan, den Neffen, mit dem sie selbst sexuell verkehrt, mit ihrer Stieftochter zu verheiraten (vgl. S. 63), würde die Besitzverhältnisse deutlich zugunsten der Sippschaft von Frau Krause und Wilhelm Kahl verschieben. Entsprechend gereizt reagiert sie auf jede Äußerung Helenes, die ihr die Dominanz im Hause streitig zu machen droht: Die Skala reicht von *»herrisch[en]«* Zurechtweisungen, als Helene ihre Prahlerei mit dem verschwenderisch teuren Abendessen unterbinden (S. 28) und Kahl von kompromittierenden Äußerungen über Helenes Vater abhalten will (vgl. S. 36), über ihren Versuch, Helene *»grob«* – und handgreiflich werdend – die Einmischung in den ›Fall‹ der Magd Marie zu verbieten (S. 59), bis hin zu ihrem Befehl an Miele, entgegen der von Helene weitergegebenen Anordnung Hoffmanns die Hebamme statt den Arzt zu holen (vgl. S. 98 f.). Indem sich Frau Krauses Herrschsucht mit unmoralischem Verhalten und der Neigung zu cholerischen Ausbrüchen paart, zeichnet Hauptmann mit dieser Figur das Porträt einer plötzlich reich Gewordenen, der jegliche ethische Orientierung fehlt.

Wilhelm Kahl

Wie seine Tante ist auch Wilhelm Kahl durch sein Äußeres, sein Auftreten und seine vorherrschenden Charakterzüge negativ gekennzeichnet:

> *Er ist ein vierundzwanzigjähriger plumper Bauernbursch, dem man es ansieht, daß er soweit möglich gern den feinen, noch mehr aber den reichen Mann herausstecken möchte. Seine Gesichtszüge sind grob, der Gesichtsausdruck vorwiegend dumm-pfiffig. Er ist bekleidet mit einem grünen Jackett, bunter Samtweste, dunklen Beinkleidern und Glanzlack-Schaftstiefeln. Als Kopfbedeckung dient ihm ein grüner Jägerhut mit Spielhahnfeder. Das Jackett hat Hirschhornknöpfe, an der Uhrkette Hirschzähne usw. Stottert.* (S. 26 f.)

Damit ist über die *»klägliche Figur«* (S. 27), deren Sprachfehler ihre geistige Unbeweglichkeit widerspiegelt, schon Wesentliches gesagt. Was Wilhelm Kahl an Verstandeskräften fehlt, will er durch äußeres Gehabe und Prahlereien wettmachen, die ihn als eine teils lächerliche, teils abstoßende Gestalt erscheinen lassen. Dass Helene ihren »Zukinftigen« (S. 36), dem sie sich körperlich hingegeben hat (vgl. S. 95), verabscheut, macht schon ihre Gebärdensprache deutlich, als Hoffmann sein Kommen mit einem freien Schiller-Zitat ankündigt: »Ach! das Unheil schreitet schnelle« (S. 26; nach dem *Lied von der Glocke*, Vers 146). Kahls spätere Äußerungen über ihren Vater, die Helene in Bedrängnis und Rage bringen, zeigen nicht nur, dass ihm jedes Gespür für die angespannte Situation am Esstisch fehlt (das *»Bewußtsein, eine große Dummheit gemacht zu haben«*, regt sich erst, als der Streit eskaliert ist; S. 39), sondern auch, dass er kein Sensorium für das menschliche Elend hat, das er nur von seiner grotesk-amüsanten Seite auffassen kann. Wie ›Hopslabaer‹ ist auch Herr Krause für ihn eine vorrangig komische Gestalt, bei dessen Beschreibung durch Loth er das Lachen nicht mehr zurückhalten kann (vgl. S. 38), und bei der herannahenden Geburt denkt er an »Schweinschlachta« (S. 100). Sowohl Hoffmann, der Kahls Jagdleidenschaft ins Gespräch einführt (vgl. S. 29), als auch seiner Tante, der er nicht nur nachts als Spielball ihrer Machenschaften dient, ist er geistig unterlegen. Loths Urteil, seine Jagd auf Tauben sei »schandbarer Unfug« (S. 30), kann Kahl nichts entgegensetzen, und als er trotz dieser Rüge am nächsten Morgen erschossene Lerchen vorweist, muss sich Kahl gar als »nichtsnutziger Bursche« abkanzeln lassen (S. 49). Verspielt er so bei dem Fremden sofort jegliches Ansehen, so bewahrt sich Kahl bei denjenigen, die ihm finanziell unterlegen sind, nur dadurch einen gewissen äußerlichen Respekt, dass er sie – wie Beibst, der ihn mit *»grimmigen Blicken und verstohlenen Zornesgesten«* bedenkt (S. 49) und Loth gegenüber als »meschante[n] Junge[n]« bezeichnet (S. 47) – durch Geld zum Schweigen bringt (vgl. S. 43 f.) oder dass er ihnen – wie der ›alten Jungfer‹ Spiller – als einträgliche Partie erscheint (vgl. S. 87).

Bauer Krause

Nominell noch ›Herr des Hauses‹, ist dem Bauerngutsbesitzer Krause schon seit etlicher Zeit die Kontrolle über sein Leben und die Macht über seine Familie aus den Händen geglitten. Zwar kann Helene ihrer Stiefmutter noch damit drohen, sie werde »dem Vater erzählen«, wer seinen Platz im Ehebett einnimmt (S. 59). Doch bleibt zweifelhaft, ob Herr Krause, den Loth (ohne seine Identität zu kennen) nach der Auskunft durch Dorfbewohner als einen »steinreiche[n] Bauer[n]« beschreibt, »der seine Tage und Jahre buchstäblich in diesem selben Gastzimmer mit Schnapstrinken« zubringt (S. 38; bestätigt durch den Arzt: »Der Bauer nämlich kommt überhaupt gar nicht mehr aus dem Wirtshaus«, S. 118), solche Enthüllungen noch verstehen und auf sie reagieren könnte.

Die beiden einzigen kurzen Auftritte, die Krause im Drama hat, zeigen ihn jeweils vor Sonnenaufgang beim mühsamen Heimtorkeln aus der Gaststätte. Beide Male ist er ganz darauf fixiert, dass Hof und Garten ihm gehören (»'s Gaartla iis meine […] 's Gittla iis mein-ne«; S. 41, fast identisch S. 122 f.) und dass er »a hibsch Weibla« und »a poar hibsche Madel« habe (S. 42 und 122–124). Wohl scheint er noch wahrzunehmen, dass seine zweite Frau ihm nicht mehr zur Verfügung steht, denn von dem »Gald«, das ebenfalls »mei-neee« ist (S. 43 und 123), glaubt er sich den Körper seiner Tochter Helene erkaufen zu können (vgl. S. 43). Von der psychischen und physischen Auflösung, die seine Familie und ihn selbst längst ergriffen hat, bekommt er offenkundig nichts mehr mit – »hibsche Tächter« (S. 124) glaubt er noch zu haben, als die eine eben eine Totgeburt erlitten und die andere sich umgebracht hat.

Krauses geistiger Verrohung entspricht die äußere Erscheinung *»des etwa fünfzigjährigen Mannes«*, dessen *»sehr schäbige Bekleidung […] um nichts besser ist als die des allergeringsten Landarbeiters«* (S. 42):

> *Er ist im bloßen Kopf* [also ohne Hut oder Mütze], *sein graues, spärliches Haar ungekämmt und struppig. Das schmutzige Hemd steht bis auf den Nabel herab weit offen; an einem einzigen gestickten Hosenträger hängt die ehemals gelbe, jetzt schmutzig glänzende, an den Knöcheln zugebundene Lederhose; die nackten Füße stecken in einem Paar gestickter Schlafschuhe, deren Stickerei noch sehr neu zu sein scheint. Jacke und Weste trägt der Bauer nicht, die Hemdärmel sind nicht zugeknöpft.* (S. 42)

Hoffmann

Äußerlich in größtem Gegensatz zu seinem Schwiegervater steht Ingenieur Hoffmann, der *»etwa dreiunddreißig Jahre alt«* ist und als *»schlank, groß, hager«* beschrieben wird (S. 8):

> *Er kleidet sich nach der neuesten Mode, ist elegant frisiert, trägt kostbare Ringe, Brillantknöpfe im Vorhemd und Berloques* [Schmuckanhänger] *an der Uhrkette. Kopfhaar und Schnurrbart schwarz, der letztere sehr üppig, äußerst sorgfältig gepflegt. Gesicht spitz, vogelartig. Ausdruck verschwommen, Augen schwarz, lebhaft, zuweilen unruhig.* (S. 8)

Die Spannung zwischen der dekorativen Außenseite und dem ›unruhig-verschwommenen‹ Innenleben deutet auf einen Bruch im Charakter Hoffmanns: War Hoffmann vor Jahren mit Loth an einem sozialistischen Reformprojekt beteiligt, so entwickelte er sich später zu einem erfolgreichen Geschäftsmann, der sich den konservativen Machtstrukturen und der rasanten wirtschaftlichen Entwicklung im Kaiserreich angepasst hat. Loth predigt er politische Indifferenz und opportunistisches Profitstreben als angemessene Einstellung (vgl. S. 14f.). Um aufzusteigen und Kapital zu erwerben, hat der ursprünglich nicht vermögende Hoffmann (Frau Krause bemerkt, der Schwiegersohn habe sein Geld »vu ins, nischt iis seine!«, S. 8) seine moralische Integrität über Bord geworfen, schlesische Bauern ›über den Tisch gezogen‹ und in die Familie Krause eingeheiratet. Dass Martha Krause mit dem Bauunternehmer Müller verlobt war, der nach der Auflösung der Verbindung Selbstmord verübte, störte Hoffmann offenbar ebenso wenig wie die bedenklichen Zustände in der Familie: Da der Arzt sagt, Hoffmann habe »gewußt«, in welch eine Trinkerfamilie er hineinkomme (S. 118), darf man sicher annehmen, dass Martha ihr Suchtverhalten, dem das erste Kind »mit drei Jahren« zum Opfer gefallen ist (S. 117), von zu Hause mitgebracht und nicht erst in der Ehe ausgebildet hat. Hoffmanns Frau Martha steht übrigens zwar im Personenverzeichnis, bleibt aber aus Schamgefühl oder, wie Hoffmann sich ausdrückt, aus »Eitelkeit« (S. 40) unsichtbar; nur im letzten Akt hört man *»einige Augenblicke deutlich das Wimmern der Wöchnerin«* (S. 107).

Hoffmann jedenfalls hat die schlimme Mischung aus Dummheit, Alkoholismus und sozialem Ehrgeiz, die in der Familie Krause schon damals herrschte, für sich ausgenutzt. Seinem enormen Reichtum aber steht sein inneres Elend gegenüber. Der Versuch, einen ›Stammhalter‹ in die Welt zu setzen, dem er seinen Besitz einst weitergeben könnte, muss als gescheitert gelten, und vom persönlichen Glück ist er weit entfernt. Das Schwelgen im Luxus, das ihn mit seiner Schwiegermutter verbindet, kann ihm bloß zeitweise das Unheil seiner Ehe verdecken. Auch wenn er Helene sein Leid vorrangig deshalb klagt, um sie zu einem dauerhaften Dreiecksverhältnis zu überreden, so kann doch kein Zweifel daran bestehen, dass Hoffmann »in diese Bauernatmosphäre«, in die er »hineingekommen« ist, nicht passt (S. 64), unter den Verhältnissen »leidet […], soviel er überhaupt leiden kann« (S. 118), und damit einen hohen menschlichen Preis für seinen ökonomischen Aufstieg zahlt.

Rollenbild der Schauspielerin Else Lehmann (1866 bis 1940) als Helene in der Uraufführungsinszenierung im ›Verein freie Bühne‹ in Berlin (20. Oktober 1889).

Helene

In heftiger Spannung zu ihrem familiären Umfeld bewegt sich auch die jüngere Tochter von Bauer Krause und seiner verstorbenen ersten Frau. Helene, der Hauptmann eine *»große, ein wenig zu starke Gestalt«* gibt und über die er darüber hinaus sagt, dass *»die Frisur ihres blonden, ganz ungewöhnlich reichen Haares, ihr Gesichtsausdruck, ihre moderne Kleidung, ihre Bewegungen, ihre ganze Erscheinung […] das Bauernmädchen nicht ganz«* verleugnen können (S. 9), ist »majorenn« (S. 93), also volljährig. Nach damaligem, 1876 in Kraft getretenen (und bis 1974 gültigen) Recht erreichte man die Volljährigkeit mit dem 21. Geburtstag (siehe S. 76: »Im August« sei Helene »einundzwanzig gewesen«). So kann sie darauf pochen, dass der Vater ihr »mütterliches Erbteil« an sie auszahlt (S. 93). Die leibliche Mutter, die die sittliche Verrohung des eigenen Hauses höchst kritisch beobachtet haben muss, war es auch, die »auf dem Sterbebett« (S. 96) verfügte, dass Helene in der pietistischen Internatsschule Herrnhut (vgl. S. 25) erzogen wurde. Von dort ist sie »vor vier Jahren« (S. 96), also mit etwa 17 Jahren, zurückgekehrt. Die Erziehung in einem von religiöser Innerlichkeit geprägten Pensionat hat sie sensibilisiert und ihrem Herkunftsmilieu entfremdet, aber auch zu einer jungen Erwachsenen gemacht, die widrige Umstände eher duldend auf sich nimmt als offen gegen sie rebelliert. Helene leidet schwer an den Zuständen in ihrem Elternhaus, das während ihrer Abwesenheit unter die Macht der Stiefmutter geraten ist, entwickelt aber von sich aus – trotz ihrer finanziellen Unabhängigkeit – keine Initiative, etwas an ihrer Lage oder gar an den gesamten Umständen zu ändern. Resigniert wünscht sie, »ruhig weiter« zu »verbauern« (S. 19) oder gar nicht weg gewesen zu sein: »hätte ich wenigstens – nichts anderes kennengelernt, wäre in dem Sumpf hier auf … aufgewachsen« (S. 64). Zeitweise Zuflucht vor der bedrängenden Gegenwart und der streitsüchtigen Stiefmutter, die sie zur Mitarbeit in der »Wertschoft« verpflichten (Frau Krause, S. 36) und »an ihren Galan verkuppeln möchte« (so Helene, S. 63), nimmt sie im Briefwechsel mit Internatsfreundinnen (vgl. S. 24 f.) und in der Lektüre (vgl. S. 9, 51 und 90). Auch zeugt es kaum von einem Aufbegehren gegen die häuslichen Verhältnisse, dass Helene sich nicht nur von Wilhelm Kahl entjungfern ließ (vgl. S. 95), sondern auch dem sexuellen Drängen ihres Schwagers Hoffmann nachgegeben hat (vgl. S. 96).

Dieser resignativen Grundhaltung entspricht Helenes Neigung zum Weinen (Hoffmann bemerkt: »Seit ich hier bin, vergeht nicht ein Tag, an dem ich dich nicht weinen sehe«, S. 63) und ihr (ebenda bereits deutlich geäußerter) Gedanke an Selbstmord. Ihrem verinnerlichten Wesen ist die Gehemmtheit geschuldet, mit der sie Loth zunächst begegnet (vgl. S. 9, 19 und 22). Doch mischt sich in Helenes Scheu auch eine gewisse Berechnung, wenn sie *»einen Brief aus der Tasche gleiten«* lässt, um als nicht ganz ungebildet zu erscheinen (S. 24), und wenn sie ihrem Hoffnungsträger, der sie aus den Familienbanden befreien soll, den väterlichen Alkoholismus verschweigt und darauf zählt, Loth werde sie nicht sitzen lassen, wenn sie erst einmal zusammen geflohen sind (vgl. S. 111). Dass ihr bislang stiller Protest gegen die Verhältnisse erst unter dem Einfluss des bewunderten Gastes zum offenen Widerstand wird – am deutlichsten gegen die Entlassung der Magd (vgl. S. 59) und gegen Hoffmanns Verführungsversuch (vgl. S. 65 f.) –, bemerken sowohl ihr Schwager (vgl. S. 66) als auch Frau Spiller (vgl. S. 87). Insofern ist es nur konsequent, dass Helene ihre Suizidgedanken genau dann umsetzt, als Loth das Haus verlassen hat und ihr herannahender trunkener Vater ihr erneut die furchtbare Macht ihres Milieus vor Augen führt.

Alfred Loth

Auch den ›Boten aus der Fremde‹ beschreibt der Dramatiker ausführlich, bevor er ihm erstmals das Wort erteilt:

> *Loth ist mittelgroß, breitschultrig, untersetzt, in seinen Bewegungen bestimmt, doch ein wenig ungelenk; er hat blondes Haar, blaue Augen und ein dünnes, lichtblondes Schnurrbärtchen, sein ganzes Gesicht ist knochig und hat einen gleichmäßig ernsten Ausdruck. Er ist ordentlich, jedoch nichts weniger als modern gekleidet. Sommerpaletot* [leichter Mantel], *Umhängetäschchen, Stock.* (S. 7)

Die Bestimmtheit seines Auftretens, aber auch die Steifheit seiner Körpersprache charakterisieren Loth nicht nur äußerlich. Gewiss darf die bis zur Rücksichtslosigkeit gehende Konsequenz, mit der Loth auf einmal bezogenen Positionen beharrt, als sein hervorstechender Wesenszug gelten. Dass er eher Nachteile in Kauf nimmt als Überzeugungen zu verleugnen, ist durch seine Lebensgeschichte gut belegt: Schon früh auf Widersprüche zwischen dem Reden und Handeln seiner Autoritäten aufmerksam geworden, erkannte er seit den jungen Erwachsenenjahren die »Verkehrtheit unserer Verhältnisse« (S. 53), wie sie sich besonders im kapitalistischen Wirtschaftssystem zeigen, und verpflichtete sich darauf, sie seinen Mitmenschen vor Augen zu führen. Als konsequenter Aufklärer, der sich stets einem »praktischen Zweck« widmen (S. 51) und den »Kampf um das Glück aller« ausfechten möchte (S. 53), hat er trotz der geltenden ›Sozialistengesetze‹ (siehe S. 19–21 dieses Bands) an seinem Engagement für den »Verein Vancouver-Island« festgehalten (S. 14) und dafür »[z]wei Jahre Gefängnis« bekommen, die er wiederum nutzte, um sein »erstes volkswirtschaftliches Buch« zu schreiben (S. 12).

Von undiplomatischer Aufrichtigkeit ist nicht nur seine politische Aktivität, sondern auch der Besuch bei seinem früheren Freund Hoffmann und dessen Familie geprägt. Obwohl Loth weiß, dass er dem einstigen Weggefährten damit schaden wird, will er von seinen Erkundungen in dessen Kohlendistrikt auch dann nicht ablassen, als Hoffmann ihn darum bittet (vgl. S. 78–81). Ebenso wenig ist Loth gewillt, mit seiner Meinung hinter dem Berg zu halten, als man auf Kahls Jagdleidenschaft (vgl. S. 29–31 und 49), die »Frauenemanzipation« (S. 72–75, hier S. 75) und die »Wirkung des Alkohols« (besonders S. 31–38, hier S. 35) zu sprechen kommt. Dass er mit seiner radikalen Abstinenz die Gastgeber brüskieren muss, begründet er mit der Verpflichtung, seine gesunden Gene »ganz ungeschmälert auf meine Nachkommen zu bringen« (S. 35), und entsprechend erklärt er auch die »[l]eibliche und geistige Gesundheit der Braut« zur Grundbedingung einer möglichen Ehe (S. 74). Wie die innere Konsequenz Loths prägender Charakterzug ist, so entspricht seiner äußeren ›Ungelenkheit‹ zugleich eine gewisse geistige Unbeweglichkeit: Dass ihm Kahls Hinweise auf Helenes trunksüchtigen Vater (vgl. S. 36 und 39) entgehen, kann man dessen grobem Dialekt zuschreiben; dass Loth nicht intensiver nachfragt, als das letzte lange Gespräch mit Helene mehrfach um Bauer Krause kreist (vgl. S. 93, 97 und 98), ist vielleicht der emotionalen Rührung des sonst so kontrollierten Rationalisten geschuldet; jedenfalls muss ihm erst Dr. Schimmelpfennig die Augen für die Tatsache öffnen, dass Helene einer »Potatorenfamilie« (S. 118; einer Trinkerfamilie) entstammt und daher nach Loths Maßstäben nicht als Frau für ihn in Frage kommen kann.

Dr. Schimmelpfennig

Der Arzt, in dem Alfred Loth – in diesem Falle ganz ungeplant – einem zweiten Freund aus früheren Tagen wieder begegnet, hat eine ähnlich bewegte Vita hinter sich wie dieser. Während man über »die alte dumme Geschichte«, die beide entzweit hatte (S. 104), nichts Näheres erfährt, lässt sich sagen, dass Schimmelpfennig wegen eines »Knabenstreich[s]« von der Universität Jena »auskneifen« musste und im schweizerischen Exil Medizin studierte, dass er das »Staatsexamen zweimal« machen musste, um im Deutschen Reich praktizieren zu dürfen, nun schon »sechs Jahre unter diesen Bauern« lebt (S. 105), um genügend Geld für spätere Unternehmungen zu verdienen, und in seiner Praxis zugleich »ausgiebiges Material gesammelt« hat, das sein Engagement in der »Frauenfrage« grundieren soll (S. 109). Wie Loth ist demnach auch Schimmelpfennig ein politisch engagierter und systemkritischer Mensch, allerdings einer, der seine Überzeugungen längere Zeit im Verborgenen reifen lässt und seine Worte sparsamer, dann aber umso entschiedener setzt. Geht der Arzt politisch pragmatischer zu Werke als Loth, so ist es ihm beruflich gelungen, ein Vertrauensverhältnis zum einfachen Volk aufzubauen. Während Frau Krause und Frau Spiller seine Mitwirkung bei der Geburt verhindern wollen, spricht Beibst sehr anerkennend von Schimmelpfennig (vgl. S. 48), und Hoffmann bemerkt gar, »unter Bergleuten und auch unter dem Bauernvolk« werde er geradezu »vergöttert«, obwohl er mit seinem »Mischmasch von Härte und Sentimentalität« ein mitunter »recht unverdaulicher Patron« sei (S. 16; ähnlich auch S. 69). Tatsächlich äußert sich Schimmelpfennig nicht nur Loth, sondern auch schon Hoffmann gegenüber nach einigem Zögern kompromisslos über die gesundheitlichen Zustände in der Bauernfamilie: »Von seiner Mutter [also der trunksüchtigen Martha Hoffmann] trennen: Grundbedingung einer gedeihlichen Entwickelung.« (S. 62) Das detaillierte Porträt, das sein erstes Auftreten einleitet, zeigt, dass Hauptmann auch bei dieser unbestechlichen Figur großen Wert darauf legt, schon in der äußeren Erscheinung anzudeuten, wie das »Rauhbein« Schimmelpfennig (S. 105) seine innere Anteilnahme vielfach unter einer harten Schale verbirgt, um sich dann bündig auszusprechen und anschließend rasch wieder zu einem »*geschäftsmäßig[en]*« Umgang zurückzukehren (S. 62):

> *Er ist von Gestalt klein und gedrungen, hat schwarzes Wollhaar und einen ziemlich starken Schnurrbart. Schwarzer Rock im Schnitt der Jägerschen Normalröcke* [ein von dem Mediziner und Lebensreformer Gustav Jäger (1832–1917) entworfenes Jackett, das durch seinen luftdurchlässigen Wollstoff gesundheitsförderlich wirken sollte]. *Die Kleidung im Ganzen solid, aber nicht elegant. Hat die Gewohnheit, fast ununterbrochen seinen Schnurrbart zu streichen oder zu drehen, um so stärker, je erregter er innerlich wird. Sein Gesichtsausdruck, wenn er mit Hoffmann redet, ist gezwungen ruhig, ein Zug von Sarkasmus liegt um seine Mundwinkel. Seine Bewegungen sind lebhaft, fest und eckig, durchaus natürlich.* (S. 60)

3 Gehalt

Gerhart Hauptmann gestaltete *Vor Sonnenaufgang* als ›Soziales Drama‹, indem er die Handlung in der Gegenwart der Entstehungszeit ansiedelte und intensiv mit der damaligen gesellschaftlichen Wirklichkeit verknüpfte. Statt aber den Zuschauer unmittelbar auf die politische Bühne blicken zu lassen und etwa die Arbeiterrevolten des Jahres 1889, die Auseinandersetzungen zwischen Gewerkschaften und Fabrikbesitzern oder gar die Entscheidungen im Kabinett des Reichskanzlers Bismarck zu dramatisieren, wählte Hauptmann einen kleinen dörflich-familiären Ausschnitt, der weit abseits von den sozialen Brennpunkten und den politisch-wirtschaftlichen Metropolen liegt. Durch diese enge Fokussierung war es ihm nicht nur möglich, ein formal weitgehend traditionelles Drama zu schreiben, das nach dem Maßstab des 19. Jahrhunderts als ›bühnengerecht‹ gelten konnte und damit eine gute Chance auf dem Theater der Zeit hatte. Mit der Konzentration auf ein übersichtliches soziales Gefüge und eine relativ kleine Personenzahl lud der Dramatiker zugleich sein Publikum ein, das Schicksal der Figuren emotional mitzuerleben oder sich gar mit einzelnen Gestalten zu identifizieren.

Auch wenn Hauptmann sein Drama räumlich, zeitlich und personell bewusst ›eng‹ anlegte, zielte er gleichwohl darauf, ein durchaus ›weites‹, über den dörflichen Rahmen deutlich hinausgehendes gesellschaftliches Panorama in den Blick zu bekommen. Zu diesem Zweck lässt er die Handlung erstens nicht in einer herkömmlichen Agrargemeinschaft, sondern in einer Dorfgesellschaft spielen, die in kürzester Zeit einen einschneidenden, von äußeren wirtschaftlichen Bedingungen diktierten Umbruch erlebt hat: Diese dynamische Veränderung wird kontrastiv an dem Bild von Helenes noch traditionell gekleidetem Großvater deutlich, der ein »Gütchen« besaß und in eigener Regie bewirtschaftete, aber aufgrund der geringen Erträge zusätzlich noch als »Frachtfuhrmann« tätig sein musste (S. 23). Die landbesitzenden Bauern der Dramengegenwart brauchen dagegen überhaupt nicht mehr zu arbeiten, weil sie durch Verkauf oder Verpachtung ihrer für den Kohleabbau benötigten Felder »im Handumdrehen steinreich« geworden sind (ebenda). Indem das im Drama gezeigte Dorf einen für den ökonomischen Fortschritt zentralen Rohstoff liefert, ist es mit gesamtwirtschaftlichen Prozessen verbunden – nicht nur im Sinne finanzieller Teilhabe, sondern auch durch die in der Nähe haltende Eisenbahn, die für den Transport von Gütern und Arbeitskräften gebaut wurde (vgl. S. 17 f.).

Hat Hauptmann sein eng konzentriertes Sujet erstens dadurch wesentlich ›geweitet‹, dass er sein Drama in einem von der industriellen Revolution mitgerissenen Dorf ansiedelt, so greift er zweitens über den dörflichen Rahmen hinaus, indem er die Handlung wesentlich auf Figuren aufbaut, die ihr früheres, ganz oder teilweise außerhalb geführtes Leben in das Provinznest ›mitbringen‹. Dies gilt – unter den Familienmitgliedern – für Helene, die ihre Jugend im religiös geprägten Internat verbrachte und sich daher nicht mehr in ihre verrohte Herkunftsfamilie einfinden kann, und mehr noch für Hoffmann, der aus vorrangig finanziellem Interesse eine »Witzdorfer Goldtochter« (S. 110) geheiratet hat, aber aus bürgerlichem Milieu stammt und durch seine berufliche Karriere Anschluss an höchste Kreise gefunden hat; Loths leicht ironische Bemerkung, Hoffmann segle »stark auf Bleichröder zu« (S. 15), vergleicht den erfolgreichen Geschäftsmann gar mit dem überaus vermögenden Bankier Gerson Bleichröder (1822–1893), der eng in die Finanzpolitik des preußischen Regimes eingebunden war, Kriegsanleihen ausgab und die Verstaatlichung der Eisenbahn finanzierte. Nochmals intensivere Bezüge zur sozialpolitischen Realität des Kaiserreichs ergeben sich aber vor allem durch die beiden alten Freunde Alfred Loth und Dr. Schimmelpfennig. Beide bereichern den Gehalt des Dramas, da ihre von politischer Verfolgung durchzogenen Einzelschicksale jeweils ein Stück erlebter Zeitgeschichte in die Handlung hineintragen und exemplarisch die repressiven Maßnahmen der Bismarck-Ära illustrieren. Weil beide als ›milieufremde‹ Beobachter agieren und weil Loth zudem als ›Bote aus der Fremde‹ denjenigen Ausschnitt des unseligen Familienlebens festlegt, den das Publikum auf der Bühne miterleben kann, bestimmen diese beiden Figuren wesentlich auch die sozialkritische Perspektive, die Hauptmanns Stück prägt.

Sozialkritische Perspektive

Um mit seinem Drama gesellschaftskritische Einsichten zu vermitteln, hat Hauptmann die Sympathien ungleich auf das dramatische Personal verteilt. Schon die oben ausführlich zitierten Figurencharakterisierungen in den Regietexten gehen deutlich über neutrale äußere Beschreibungen hinaus. Ebenso bewerten einige Regiehinweise das Verhalten und das Wesen der Figuren, so etwa, wenn es von Frau Krause zu Beginn des Abendessens heißt, sie *»faltet mechanisch, doch ohne ihrer Bosheit im übrigen Herr zu sein, die Hände«* (S. 29).

Nimmt man die vielen Redebeiträge hinzu, in denen das dramatische Personal andere Figuren, Machtstrukturen und Verhaltensweisen in der Familie und auf dem Dorf sowie Zustände auf der größeren sozialen Bühne schildert, dann ergibt sich im Ganzen fraglos der Eindruck einer Parteinahme des Dramas für die sozial Benachteiligten und gegen die skrupellosen Gewinner der politisch-wirtschaftlichen Entwicklungen im Deutschen Reich seit 1871. Wer, wie Frau Krause, mit doppeltem Maß misst und sich nicht an die selbst verkündeten moralischen Prinzipien hält, der wird vom Publikum sicher insgesamt viel negativer gesehen als eine Figur wie der Arbeitsmann Beibst, der die Gegebenheiten schon deshalb glaubwürdig kritisieren kann, weil er privat Leid erfahren hat und sichtbar behindert ist.

Die kritische Perspektive, die Hauptmanns Drama auf diese Weise einnimmt, macht *Vor Sonnenaufgang* zu einem Stück engagierter Literatur. Die Parteinahme für die Opfer und gegen die Profiteure der wirtschaftsliberalen Politik und des ausbeuterischen Kapitalismus spiegelt sich in vielen Details wider: Der Opportunist Hoffmann, der Reformen ›von oben‹ begrüßt (vgl. S. 15), in Wirklichkeit aber größtes Interesse an einer stabilen Machtpolitik hat, die das aufbegehrende Volk in Schach hält, arbeitet mit unlauteren Methoden der Verdrängung (vgl. S. 17 f.) und Bestechung (S. 76: »Eine Hand wäscht die andere«). Seinem alten Schulfreund gegenüber heuchelt er Freude über das Wiedersehen und Verständnis für dessen Engagement, bekämpft seine vermutete »Maulwurfsarbeit« (S. 19) aber von Anfang an – zunächst mit Geldgaben und Genussmitteln, die Loth einlullen und zur Rücksicht auf seine Interessen verpflichten sollen, später mit Diffamierungen gegenüber Helene (S. 67: »ein höchst ge-fähr-licher Schwärmer«) und direkten Angriffen (S. 81: »Volksverführer! […] gespreizter Tugendmeier!«). Umgekehrt lenken Loths und Schimmelpfennigs Lebensbilanzen die Aufmerksamkeit auf den Unterdrückungsapparat der Bismarck-Ära: Loths Anklage und Verurteilung (vgl. S. 12 und 14) sowie seine mindestens gerüchtweise anhaltende Beobachtung (S. 68: »Die Behörden haben ihn im Auge«; so auch Frau Spiller, vgl. S. 88) tauchen die Staatsgewalt in ein ebenso düsteres Licht wie Schimmelpfennigs Bericht über seinen Gang ins Exil und die mit seiner Rückkehr verbundenen Schwierigkeiten (vgl. S. 105).

Durch ihre Vorgeschichten, die ihnen persönlichen Einsatz und konsequentes Eintreten für ihre Überzeugungen abverlangten, erscheinen Loth und Schimmelpfennig als insgesamt verlässliche Instanzen, die reflektiert über die »Verkehrtheit unserer Verhältnisse« (S. 53) urteilen können. Ihre sozialen und politischen Einsichten können beide durch eigene Erfahrungen subjektiv beglaubigen und durch den Verweis auf seinerzeit anerkannte wissenschaftliche Erkenntnisse objektiv absichern. Fundiert wird ihre Perspektive auf die moralische und körperliche Verrohung der Gegenwart besonders durch die damals moderne Mischung aus Biologie und Soziologie, die sich auf die Lehren von Charles Darwin (1809–1882) stützt. Der seinerzeit aktuelle ›Darwinismus‹, der Loths und Schimmelpfennigs Weltbild und Sozialkritik bestimmt, ging davon aus, dass das menschliche Leben durch Erbanlagen und Milieuprägungen weitgehend determiniert ist. Aus diesen Faktoren erklärte man psychische und physische Erkrankungen des Einzelnen ebenso wie Veränderungen der ›Volksgesundheit‹ im Ganzen. Als ›Erbkrankheiten‹ galten dabei vielfältige Übel, die in einer Familie oder einem Sozialverbund gehäuft auftreten und eine ganze ›Sippe‹, ›Art‹ oder ›Rasse‹ nach und nach verändern, ›entarten‹ oder ›degenerieren‹ konnten. Dass der Arzt in diesen damals geläufigen Kategorien denkt, zeigt seine Diagnose: »Suff! Völlerei, Inzucht, und infolge davon – Degenerationen auf der ganzen Linie.« (S. 109) Entsprechend, und weil er von früher her weiß, dass Loth stets »ein an Leib und Seele gesundes Geschlecht in die Welt« setzen wollte (S. 117), warnt er diesen eindringlich davor, in die nach seiner Einsicht völlig degenerierte Familie Krause einzuheiraten.

Tatsächlich hat sich Loth, wie der Zuschauer schon im ersten Akt erfährt, keineswegs von seinen früheren Überzeugungen verabschiedet. Vielmehr wird er von Beginn an nicht müde, seine persönliche Abstinenz zu bekunden und ausführlich über die »furchtbare Rolle« zu dozieren, die »der Alkohol in unserem modernen Leben spielt« (S. 34 f.). Indem er dabei, gestützt auf Gustav von Bunges Autorität (vgl. S. 24 dieses Bands; sowie die Zitatnachweise bei Bellmann, S. 13 f.), zwischen dem unmittelbaren volkswirtschaftlichen Schaden des Alkoholkonsums und der noch schlimmeren langfristigen »Wirkung« der Trunksucht unterscheidet, die sich »sozusagen bis ins dritte und vierte Glied« äußere (S. 35), gibt sich auch Loth als strikter Anhänger der Vererbungslehre zu erkennen.

Obwohl Hauptmanns Stück als »Tendenzdichtung« (so Bellmann, S. 7) gelten darf, die zu aktuellen gesellschaftlichen Fragen engagiert Stellung bezieht und die Übel der Gegenwart in einer damals ungewohnten Schärfe beim Namen nennt, bleibt die kritische Schlagkraft des Dramas doch beschränkt. Anders als politische Agitationsliteratur, die klare Forderungen erhebt und ihre Leser zum aktiven Eingreifen aufruft, zielt *Vor Sonnenaufgang* insgesamt mehr auf die kritische Analyse der aktuellen Verhältnisse als auf deren Änderung durch ein bestimmtes parteipolitisches Programm: In diesem Sinne weist der Titel des Dramas nicht nur auf die Handlungszeit des Schlussakts hin, sondern zeigt wohl auch metaphorisch an, dass keine Lösungsperspektive für die ›düstere‹ Gegenwart geboten wird und dass der Aufgang der Sonne, die seit jeher als Symbol von Hoffnung, Freiheit und Revolution diente, erst in der außerhalb der Dramengegenwart liegenden Zukunft erwartet werden kann. (Ähnlich hatte der ursprünglich vorgesehene Titel ›Der Säemann‹ auf eine erst künftig möglicherweise aufgehende Saat verwiesen.)

Zu dem Eindruck, dass das Drama keine präzisen politischen Rezepte bietet, trägt sicher auch bei, dass es sich nicht auf ein bestimmtes Angriffsziel fixiert und keine klaren Schuldzuweisungen vornimmt. Weder gesellschaftlichen Instanzen noch ihren individuellen Repräsentanten wird die Verantwortung für die dargestellten Zustände gegeben. Viel-

Gudrun Ritter (Frau Krause), Udo Kroschwald (Hoffmann) und Bernd Stempel (Loth) am Deutschen Theater Berlin (2000).

mehr sind, wie Hauptmann am 12. September 1889 in seinem Tagebuch notierte, die »schlechten Menschen in meinen Stücken [...] immer noch relativ gute Menschen« (Notiz-Kalender, S. 171). Der »Bauerngutsbesitzer« (S. 6) Krause, der von seiner hierarchischen Stellung her der eigentliche ›Machthaber‹ sein müsste und vor langer Zeit theoretisch die Möglichkeit gehabt hätte, sich gegen den Bergbau unter seinen Feldern zu entscheiden, um bei der traditionellen Landwirtschaft zu bleiben, wird in einer so erbärmlichen Lebensphase vor Augen geführt, dass man ihn mit Helene als triebhaftes »Tier, Schwein!« charakterisieren und »*Abscheu*« vor ihm empfinden mag (S. 43); persönliche Schuld kann man diesem tief gesunkenen ›Patriarchen‹ nicht mehr aufbürden. Seine zweite Frau, deren charakterliche Bösartigkeit außer Frage steht, ist zwar mit ihrem skrupellosen Machtstreben alles andere als eine Sympathieträgerin; doch wirkt sie durch ihre Wutanfälle, ihre mangelhafte Sprachbeherrschung und ihre dümmliche Orientierung am Lebensstil des Adels in einem solchen Maße unfreiwillig komisch, dass sie kaum als zentrale Zielscheibe der Kritik taugt. Selbst Hoffmann, der wissentlich in ein Milieu eingeheiratet hat, das ihm die Mitwirkung am kapitalistischen Wirtschaften erlaubt, kann man nicht allein als verantwortlichen Täter sehen; vielmehr ist auch er, den der Arzt als »traurige[n] Zwitter« bezeichnet (S. 113), ein Gefangener der selbst gewählten Verhältnisse, der durch die Sucht seiner Frau, den Tod des ersten sowie die Totgeburt des zweiten Kindes persönliches Leid erfahren muss und am Dramenende von seinen ›politischen Widersachern‹ Loth und Schimmelpfennig weniger attackiert als bedauert wird.

Dichtung als ›psychologisches Experiment‹

Was Hauptmanns Drama, indem es auf pauschale Schuldzuweisungen und politische Appelle verzichtet, an gesellschaftskritischer Schärfe verlieren mag, das gewinnt es an analytischer Präzision. Gut verständlich wird diese Ausrichtung, wenn man eine der wichtigen Programmschriften des frühen Berliner Naturalismus heranzieht, das von Hauptmanns Freund Wilhelm Bölsche (1861–1939) 1887 veröffentlichte Buch *Die naturwissenschaftlichen Grundlagen der Poesie*. Wie schon der Titel andeutet, geht es Bölsche darum, die Dichtung auf ein neues Fundament zu stellen. Sie müsse sich, wenn sie mit den im 19. Jahrhundert voranschreitenden Naturwissenschaften Schritt halten wolle, von einem Weltbild verabschieden, das von Theologie und Philosophie geprägt ist. Statt weiter von einem »metaphysischen Standpuncte« aus zu urteilen, solle sie von einer »realen, durch vorurtheilsfreie Forschung bezeichneten« Basis ausgehen (Bölsche, S. 1) und sich strikt an den Erkenntnissen der Medizin und Biologie, Soziologie und Psychologie orientieren, um menschliches Verhalten so genau wie möglich zu erklären. Erst wenn ihm diese »Anpassung an die neuen Resultate der Forschung« gelinge, habe der Dichter das Recht, sein »Phantasiewerk mit dem stolzen Namen eines psychologischen Experimentes zu bezeichnen« (Bölsche, S. 5 und S. 25). Ein exaktes »Experiment« zu liefern, sei nämlich die eigentliche Aufgabe des Dichters:

> Jede poetische Schöpfung, die sich bemüht, die Linien des Natürlichen und Möglichen nicht zu überschreiten und die Dinge logisch sich entwickeln zu lassen, ist vom Standpuncte der Wissenschaft betrachtet nichts mehr und nichts minder als ein einfaches, in der Phantasie durchgeführtes Experiment, das Wort Experiment im buchstäblichen, wissenschaftlichen Sinne genommen. (Bölsche, S. 7)

Zwar habe der Dichter »Menschen vor sich, keine Chemikalien«, doch folgten auch ihre »Leidenschaften, ihr Reagieren gegen äussere Umstände, das ganze Spiel ihrer Gedanken [...] gewissen Gesetzen, [...] die der Dichter bei dem freien Experimente so gut zu beachten hat, wie der Chemiker« (ebenda). Um aber mit den Figuren der Dichtung psychologisch experimentieren, ihre Reaktionen naturwissenschaftlich vorhersagen zu können, muss Bölsche ihnen die souveräne Entscheidungsgewalt über ihr Handeln weitgehend absprechen. Statt die ›Willensfreiheit‹ – wie in der philosophischen Tradition üblich – zu einem herausragenden Merkmal des Menschen zu erklären, liegt für ihn gerade umgekehrt »in der Thatsache der Willensunfreiheit der höchste Gewinn« für den Dichter:

> Erst indem wir uns dazu aufschwingen, im menschlichen Denken Gesetze zu ergründen, erst indem wir einsehen, dass eine menschliche Handlung [...] das restlose Ergebniss gewisser Factoren, einer äussern Veranlassung und einer innern Disposition, sein müsse [...] – erst so können

> wir hoffen, jemals zu einer wahren mathematischen Durchdringung der ganzen Handlungsweise eines Menschen zu gelangen und Gestalten vor unserm Auge aufwachsen zu lassen, die logisch sind, wie die Natur. (Bölsche, S. 25)

Bölsches Modell der Dichtung als ›psychologisches Experiment‹, mit dem er kurz vor der Entstehung von *Vor Sonnenaufgang* große Aufmerksamkeit erzielte, lässt sich im Ganzen recht gut auf das Drama übertragen. In seiner Bildlichkeit eines chemischen Versuchs würde sich das so lesen: Die Mischung der Elemente, die Ausgangslage und die Bedingungen des Handelns, sind durch das Milieu vorgegeben, das Hauptmann daher bis in die kleinsten Details hinein ausleuchtet. Durch die allgemein prekäre Situation im Haus und besonders durch die bevorstehende Geburt sind die widerstreitenden Elemente bereits auf eine reaktionsfähige Temperatur gebracht. In dieses an sich schon brodelnde Reagenzglas wirft der dramatische Experimentator Hauptmann die milieufremde Figur Loth als Katalysator, um vor den Augen des Zuschauers eine folgerichtige Kettenreaktion ablaufen zu lassen, die in Helenes Selbstmord ihren vorläufigen Endpunkt findet.

Für Helenes Verhalten bietet Bölsches – hier bewusst zugespitzte – Analogie zwischen Dichtung und naturwissenschaftlichem Experiment einen tragfähigen Erklärungsansatz. Statt Helenes Selbstmord als »*Frei*tod« zu bezeichnen, mit dem sie sich »von den erniedrigenden Zwängen ihrer Umgebung freimacht« und mit dem Hauptmann »die Grenzen der Milieu-Determination« anzeige (Sprengel: Arbeitsbuch, S. 73 f.), kann man den Suizid mit Bölsche genau umgekehrt als eine in der Natur der Person liegende Reaktion lesen: Die genetisch und erziehungsbedingt geschwächte Helene erblickt in der Bindung an Loth die Chance, dem Milieu zu entfliehen; sie baut diesen Fluchtversuch aber auf eine unaufrichtige Grundlage, da sie im Wissen, Loths »conditio sine qua non« (S. 74; ›unerlässliche Voraussetzung‹) für eine Eheschließung nicht zu entsprechen, den heiklen Punkt ihrer Familiengeschichte verschweigt; und als ihre irrige Hoffnung, wie von ihr von Anfang an und zum Ende hin immer stärker befürchtet, durch die Aufklärungsarbeit des Arztes vernichtet wird, unterliegt sie völlig der Macht des Milieus und bringt sich in akuter Verzweiflung um. Mit Bölsche darf man Helenes Selbstmord als determiniertes »Ergebniss [...] einer äussern Veranlassung und einer innern Disposition« (Bölsche, S. 25) lesen. Gemäß den hinter Bölsches Überlegungen stehenden Kategorien Darwins ist sie im ›struggle for life‹ nicht ›fit‹ genug: Als Mitglied einer degenerierten Familie hat sie im darwinistischen ›survival of the fittest‹ keine Chance und muss scheitern.

Loth als ›Sprachrohr‹ Hauptmanns?

Größere interpretatorische Schwierigkeiten bereitet Loth, der seit den ersten Besprechungen die umstrittenste Figur des Dramas ist. Soll man auch ihn, der die junge Frau, die all ihre Hoffnungen auf ihn setzt, ohne Aussprache verlässt und sich damit nicht gerade als feinfühliger Psychologe entpuppt, als einen im Handeln unfreien, determinierten, in seine Gedanken verstrickten Ideologen betrachten, der mit etwas mehr Aufmerksamkeit schon am ersten Abend hätte erkennen müssen, dass Helene für ihn nicht als Frau in Frage kommen kann, und der am Ende nicht nur ›über eine Leiche geht‹, sondern auch seine wissenschaftliche Studienreise unverrichteter Dinge abbrechen muss? Oder ist Loth, der den fortwährenden »Kampf um das Glück aller« zum obersten Prinzip seines Handelns erklärt (S. 53), der »in glücklichen Momenten« die Macht über das eigene Leben »in der Hand zu haben« glaubt (S. 92) und der sich auch nach der bitteren Einsicht in Helenes

Familienmisere dafür entscheidet, »immer weiter« zu »kämpfen« (S. 119), doch eher ein über den Dingen stehender Rationalist, der in freier Entscheidung seinem Verstand folgt und trotz seiner menschlichen Defizite eine in sich konsequente Figur darstellt (oder umgekehrt: eine Figur, die sich gerade durch ihre innere Konsequenz zwischenmenschlich defizitär verhält)?

Für die Deutung von Loth als einer übergeordneten Betrachterfigur spricht, dass er – trotz mancher, etwa im Gespräch mit Beibst gezeigter weltfremder Naivität – das Leben der Bergleute und Bauern mit wissenschaftlichem Interesse untersucht und als ›Bote aus der Fremde‹ am Schluss wieder genauso außerhalb des Milieus steht wie zu Beginn, dass er nur kurz emotional in das Geschehen verwickelt wird, aber zuletzt erneut auf ›wissenschaftliche‹ Distanz geht: Bevor er sich mit den nüchternen Worten »Da könnt' ich ja nun wohl – gehen« endgültig abwendet, *»nimmt [er] mit den Augen noch einmal den ganzen Raum in sein Gedächtnis auf«* (S. 121). Loth wäre demnach weniger ein unselbstständiger Teil als vielmehr ein vergleichsweise freier Beobachter des Experiments, das Hauptmann auf dem sozialpsychologischen Versuchsfeld seiner Bühne in Szene setzt.

Für eine derartig herausgehobene Funktion der dramatischen Gestalt spricht, dass die fiktive Figur Loth deutliche Parallelen zu Personen der realen Welt aufweist, insbesondere zu einigen wichtigen Weggefährten Hauptmanns aus der Entstehungszeit des Dramas: Der starke Einfluss, den Alfred Ploetz und Auguste Forel mit ihren strikten Abstinenzgelübden auf den jungen Dramatiker genau in der Zeit ausübten, in der er das Stück schrieb, wurde bereits bei der Entstehungsgeschichte erwähnt (vgl. S. 24 dieses Bands). Zu ergänzen ist, dass zentrale Motive aus Loths rückblickend erzählter Vita auf Hermann Lux zurückgehen, der (wie Hauptmann) in

Matthias Redlhammer als Alfred Loth am Schauspielhaus Bochum (Regie: Anselm Weber, Premiere: 23. Mai 2012).

Ploetz' utopischem ›Pacific‹-Projekt mitwirkte, sich aber nicht rechtzeitig ins Schweizerische Exil absetzen konnte, sondern in Breslau verhaftet und zu knapp zwei Jahren Gefängnis verurteilt wurde. Da Hauptmann 1887 als Zeuge in diese ›Sozialistenprozesse‹ einbezogen war, standen ihm die Fakten so lebendig vor Augen, dass er sie umstandslos gebrauchen konnte, um Loths Porträt mit einer authentisch wirkenden Vorgeschichte als verfolgter politischer Aktivist auszustatten.

Solche engen biographischen Zusammenhänge (vergleiche auch die weiteren Details in der Darstellung von Bellmann, S. 13–22) machen es eher unwahrscheinlich, dass Hauptmann die Figur, der er Kennzeichen enger Freunde verliehen hat und die er in Anspielung auf ein biblisches Gleichnis (Matthäus 13,3–23) im ursprünglichen Titel als ›Säemann‹ charakterisierte, grundsätzlich in ein schlechtes Licht rücken wollte. Dass Loth die aus heutiger Sicht fragwürdige Ansicht von der Erblichkeit des Alkoholismus vertritt, wertet die Figur schon deshalb nicht ab, weil diese Thesen damals ernsthaft diskutiert worden sind. Unangemessen dürfte es daher auch sein, von Loths »rassenhygienische[m] Fanatismus« zu reden und ihn als »bornierte[n] Rassenhygieniker« abzuurteilen (so bei Requardt/Machatzke, S. 144 und 147), nur weil seine – seinerzeit wiederum ehrenwerte – Ansicht, man müsse mit der genetischen »Erbschaft« seiner kerngesunden »Vorfahren« verantwortungsvoll umgehen (S. 35), im 20. Jahrhundert in pervertierter Form in rassentheoretische Rechtfertigungen des Massenmords eingegangen ist.

Obwohl Loth dem Autor in mancher Hinsicht nahesteht, sollte man ihn nicht einfach als »Sprachrohr naturalistischer Doktrinen« (Elm, S. 167) deuten. Dem widerspricht schon der oben erörterte Umstand, dass Hauptmann in *Vor Sonnenaufgang* überhaupt nicht so sehr darauf zielte, sozialpolitische Thesen an den Mann zu bringen: »die alte Forderung«, »die Bühne sei kein Katheder!«, könne er rückhaltlos unterschreiben, hielt der Dramatiker in einem 1889 kurz nach der Premiere entstandenen, aber damals nicht zum Druck gegebenen Artikel fest, um fortzufahren: »Auch Alfred Loth redet nirgend zum Publikum.« (CA XI, S. 753–756, hier S. 754) Um sich gegen eine Richtung der Kritik zu verwahren, die Loths Einschätzungen schlicht mit denen des Autors gleichsetzte, verweist Hauptmann darauf, dass »Alfred Loth, der Optimist« (ebenda), im Literaturgespräch mit Helene die naturalistischen Musterautoren Zola und Ibsen in einer Weise beurteile, die er, Hauptmann, selbstverständlich nicht teilen könne (vgl. S. 51 f. sowie hierzu die zweite exemplarische Interpretation, S. 101–103 dieses Bands). Die grundsätzliche Distanz zur Figur gehe vielmehr so weit, dass Alfred Loth das Drama *Vor Sonnenaufgang* »nicht goutieren, auch niemand zur Lektüre empfehlen würde« (CA XI, S. 754).

IV Exemplarische Interpretationen

1 Wie kommt es zum Streit beim Abendessen? (Akt I, S. 26–39)

Das den ersten Akt beschließende Abendessen dient Hauptmann dazu, erstmals einen größeren Teil seines Personals zusammenzuführen und die zwischen ihnen herrschenden Konflikte anschaulich zu machen. Da ein Gast anwesend ist, treten die vorhandenen Spannungen nicht sogleich offen zutage. Frau Krause und Frau Spiller, Wilhelm Kahl, Hoffmann und Helene richten ihr Verhalten mehr oder weniger stark auf Loth aus und sprechen daher Dinge, die sie sonst wohl unmittelbar beim Namen nennen würden, nicht, nur andeutungsweise oder erst nach längerer Zurückhaltung aus. Die Kunst des Dramatikers besteht demnach darin, die Konfliktlage an den Zuschauer zu vermitteln, ohne zugleich den Fremden in alle Details – besonders in die Identität von Vater Krause mit dem von Loth im Wirtshaus beobachteten Trinker – einzuweihen.

Um die Eskalation vorzubereiten, in der das Essen endet, lässt Hauptmann die Figuren in sehr unterschiedlicher Gemütslage an den Tisch treten: Hoffmann, der eigentliche Gastgeber, möchte seinen überraschend gekommenen Schulfreund Loth, dem er unliebsame politische Absichten unterstellt, durch ein üppiges Mahl in eine vertrauliche Stimmung versetzen: »Wir machen's 'n bißchen feierlich. Ich vermute nämlich, er führt irgendwas im Schilde.« (S. 19) Nachdem Helene zunächst aus Scheu auf ihrem Zimmer bleiben wollte, setzt sie diese Anweisung bereitwillig um. Sie fühlt sich dem gebildeten Gast weiterhin unterlegen, ist aber durch das erste Gespräch mit ihm bereits ermutigt, vorsichtig Position zu beziehen. Jedenfalls behauptet sie, »ein ganz klein wenig«

Verständnis für Loths soziales Engagement zu haben (S. 26). Entsprechend wichtig ist es ihr, sich selbst vor dem Gast in ein gutes Licht zu rücken und Peinlichkeiten der restlichen Tischgesellschaft zu verhindern. Diese Angespanntheit Helenes äußert sich schon in der *»ungezogene[n] Gebärde«* (S. 26), zu der sie sich hinreißen lässt, als Hoffmann ihren Verlobten ankündigt. Auch dass sie sich kurz darauf die Rolle der zu Tisch bittenden Gastgeberin anmaßt (vgl. S. 28), ist von dem Wunsch getragen, von der Angeberei ihrer Stiefmutter abzulenken, die auf Loth nur befremdlich wirken kann. Umgekehrt meint Frau Krause, vor dem Gast renommieren zu müssen, um so die Ausfälligkeiten zu kompensieren, mit denen sie ihn zuerst empfangen hat. Ihren Übereifer bildet Hauptmann sprachlich exakt ab, indem er sie in übertrieben gestelztem, aber fehlerhaftem Duktus beginnen und dann fließend in den groben Dialekt übergehen lässt:

> Ich muß mich zurerscht muß ich mich vor Ihn'n vertefentieren [›verdefendieren‹: ›entschuldigen‹] […] wegen meiner vorhinigten Benehmigung. Wissen Se, verstiehn Se, es komm ein der Drehe [›in einem Fort, andauernd‹] bei uns eine so ane grußmächtige Menge Streemer [›Landstreicher, Bettler‹] … (S. 27 f.)

Eine anhaltende Quelle der Peinlichkeit ist sodann vor allem Kahl, der als Helenes »Zukinftige[r]« (S. 36) im Haus ein- und ausgeht, Tischsitten ignoriert (er presst *»eine Zitrone mit den Zähnen«* aus, S. 29) und sensible Themen indezent behandelt. Während Hoffmann die ›Witzfigur‹ Kahl zunächst nutzt, um mit einer Stichelei ein Gesprächsthema zu finden und zugleich Loth sein Urteil über den groben Nachbarn zu signalisieren, *»platzt«* Helene sogleich heftiger *»heraus«*, um sich von Kahl zu distanzieren (S. 29).

Diese Grundspannungen bestimmen das Gespräch: Frau Krause will, von Frau Spiller unterstützt, als ›feine Dame‹ erscheinen, verbittet sich aber jeden Angriff auf ihre Autorität; Helene möchte einerseits vermeiden, dass der Gast zu tief in die Abgründe ihrer Familie hineinblickt, andererseits aber Loth auf sich aufmerksam machen; und Hoffmann, der rasch merken muss, dass sein Plan eines freundlichen Tischgesprächs nicht aufgeht, versucht zu vermitteln, indem er mal dieser, mal jener Äußerung beipflichtet; durch seine forcierten Aufforderungen zum Trinken bringt er jedoch das für das ganze Drama entscheidende Konfliktmotiv erst auf. Während Frau Krause, Frau Spiller und Kahl auf Loths Ausführungen zum Alkoholismus hin nur auf den sozialen Status verweisen, der für sie mit dem Genuss teuerster Getränke verbunden ist (vgl. S. 32), verfolgt Helene die zwischen Hoffmann und Loth ausgetragene Diskussion mit Nachfragen und zunehmender persönlicher Betroffenheit: Wird sie zunächst *»sehr rot […] und sehr verlegen«* (S. 32), weil sie überhaupt Interesse an dem Thema zeigt und den Gast direkt befragt, so zeugt es von Sorge sowohl um die eigene Gesundheit wie um das bei Loth entstehende Bild ihrer Familie, wenn sie nachhakt: »Ach! so etwas vererbt sich?« (S. 36) Von diesem Moment an achtet sie genau darauf, dass die Rede nicht auf ihren Vater kommt. Durch ihren Einspruch gegen Kahls unbedachte Äußerung (»Euer Aler, dar treibt's au a wing zu tull«, S. 36) provoziert sie aber eine heftige Zurückweisung durch ihre Stiefmutter, die dies als Frechheit Helenes gegenüber ihrem Bräutigam und als Ausdruck ihrer generellen Arroganz gegenüber der Familie deutet, die auf falsch verstandener »Bildung« und der Lektüre klassischer Dichter beruhe (S. 36). Kann Hoffmann diesen Ausbruch noch *»begütigend«* abmildern (S. 37), so schwelt es in den Frauen und vor allem in Kahl weiter: Er hat *»sichtlich Mühe […], das Lachen über etwas, das ihn innerlich furchtbar zu* *amüsieren scheint, zurückzuhalten«* (S. 37). Um den Gegenstand von Kahls Belustigung – dass gerade Helenes Vater das beste Beispiel für den grassierenden Alkoholismus ist – einerseits verbal zu konkretisieren, andererseits aber für den Gast unverständlich bleiben zu lassen, schafft Hauptmann durch Loths Bericht vom »Original« im Dorfgasthaus (S. 38) für Kahl den Anlass, sich *»unter dem Lachen hervorstammelnd«* so unklar zu artikulieren, dass Loth den Zusammenhang nicht begreift, die restliche Tischrunde aber in höchste Erregung versetzt wird: »Woahrhaftig! das is ja … das is ja woahrhaftig der … der Alte gewesen.« (S. 39) Wie intensiv Hauptmann an solchen Details gefeilt hat, zeigen zwei Vorfassungen dieser wörtlichen Rede, in denen sowohl Kahls Stottern als auch das endgültig in den Regietext versetzte Lachen fast schon phonetisch (lautlich) exakt protokolliert werden:

> A ha ha hoa wahrha ha hahaftig das is ja ha ha ha der A A Alte d-der A ha ha hoa Alte ge-we-sen – ha ha ha.
> A ha! ha! ha! hiii – wahrha-ha! ha! haftig hiii … das is ja hii hii ha! ha! ha! der . . iii . . der A . . ha! Alte gewesen, ha! ha! hu!! hu!! huuu!!! (Notiz-Kalender, S. 200)

Hauptmann, so zeigt sich an seiner Darstellung des in den Streit mündenden Abendessens, schöpft die Möglichkeiten dramatischer Redegestaltung voll aus: Erstens macht er anhand des Dialekts und des individuellen Sprachgebrauchs das Milieu greifbar; zweitens spiegelt er die bestehenden Spannungen nicht nur in den bloßen Aussagen, sondern im gesamten kommunikativen Verhalten der Figuren wider; und drittens führt er ein zentrales Tabuthema ein, von dem Hoffmann zwar ablenkend zu Loth meint, es sei »nicht der Rede wert« (S. 39), das aber schon den nötigen Konfliktstoff für das tragische Ende enthält.

2 Was hat Loth gegen Goethes »Werther«? (Akt II, S. 51f.)

Der erste längere Dialog zwischen Loth und der von innerer »*Unruhe*« (S. 50) ergriffenen Helene – sie hat abends in Loth einen möglichen ›Rettungsanker‹ erkannt und frühmorgens den volltrunkenen Vater ins Haus geschafft sowie beobachtet, wie Kahl aus dem ehelichen Schlafzimmer geschlichen ist – beginnt mit konventionellen Erkundigungen nach dem Grund des frühen Wachseins, entwickelt sich dann aber rasch zu einem kleinen ›Literaturgespräch‹.

Den Einstieg in das Thema ›Literatur‹ bildet Helenes erstaunte Feststellung, dass Loths Streben nach einem »praktischen Zweck« seltsam mit den Ansichten ihrer Stiefmutter übereinstimme, da diese »vorgestern« offenbar von Helene verlangte, sie solle ›praktisch‹ handeln, statt ihre Zeit mit der Lektüre des *Werther* zu vergeuden (S. 51). Dass Frau Krause die klassische Literatur ablehnt, hatte sie schon beim abendlichen Streit verkündet (vgl. S. 36); doch dass Loth in diese Kritik einstimmt, verwundert Helene. Während sie seinem Urteil, der *Werther* sei ein »dummes Buch«, noch widerspricht, akzeptiert sie seine Präzisierung, Goethes Briefroman sei »ein Buch für Schwächlinge« (S. 51). Damit wird nicht nur das zentrale Kriterium von Loths literarischer Wertung, sondern auch die wesentliche Funktion des Gesprächs deutlich: Es dient Hauptmann, wie oben bereits angemerkt (vgl. S. 96 dieses Bands), sicher nicht dazu, den Figuren des Autors eigene Urteile in den Mund zu legen, sondern Loth und Helene durch ihr Verhältnis zur Literatur genauer zu charakterisieren. Helene, so wird gleich darauf klar, liest Werthers empfindsame Briefe ganz emotional, fühlt mit seinem Schmerz mit und dürfte sich bei der Lektüre mit Werther, der intensiv über den Selbstmord nachdenkt und sich schließlich in düsterster Stimmung umbringt, als wesensverwandt erfahren haben. Gerade diese Art der Aneignung des Buchs »beruhigt« sie (S. 51). Wie sie selbst ein verinnerlichtes Wesen hat, nicht zum selbstständigen Handeln, sondern zum Weinen und zu Suizidgedanken neigt, so kann sie sich in den *Leiden des jungen Werthers* wiederfinden.

Loth dagegen stellt Helenes Lektürevorliebe ein anderes Konzept gegenüber: Der *Werther* – so darf man seine Distanz zu Goethes im späten 19. Jahrhundert oft als ›weltschmerzlich‹ kritisiertem Roman erklären (vergleiche dazu Martin, S. 252 bis 265) – biete in einer Zeit, in der es auf das aktive Eingreifen und das Gestalten herausfordernder sozialer Verhältnisse ankomme, keine angemessene Orientierung. Deshalb empfiehlt Loth statt *Werthers Leiden* den *Kampf um Rom* (1876) des gründerzeitlichen Erfolgsdichters Felix Dahn (1834–1912), der zwar von historisch fernen Kriegen der Völkerwanderungszeit, aber eben zugleich von sich tätig bewährenden Helden erzählt: Das Buch male »die Menschen nicht, wie sie sind, sondern wie sie einmal werden sollen«. Dadurch wirke es »vorbildlich« (S. 51).

Loth kritisiert die empfindsame Dichtung des jungen Goethe und eine Lektüre, die die von Werther verkörperte und verteidigte Haltung passiven Leidens in sich aufsaugt, um ihr eine Literatur gegenüberzustellen, die Ideale zeigt und es dem Leser erlaubt, sich an Vorbildern aufzurichten. Der Dichter soll nicht die Wirklichkeit abschildern, sondern den Leser anleiten und ihn aus der Misere der Gegenwart in eine bessere Zukunft führen. Diese Auffassung passt zum ›Kämpfer‹ Loth und distanziert ihn zugleich von der naturalistischen Literatur: Émile Zola (1840–1902) und Henrik Ibsen (1828 bis 1906), nach denen Helene ihn fragt, seien »gar keine Dichter, sondern notwendige Übel« (S. 51 f.). Wieder kann es bei dieser Bewertung nicht darum gehen, sie mit der (fraglos anderen)

Bernd Stempel als Alfred Loth und Claudia Geisler als Helene Krause am Deutschen Theater Berlin (2000).

Haltung des Autors Hauptmann abzugleichen, sondern sie als Mittel kontrastiver Charakterisierung zu begreifen: Während der ›gesunde‹ Loth nach seiner Selbsteinschätzung einen »klaren, erfrischenden Trunk« verträgt, glaubt Helene, dass die von den Naturalisten gebotene »Medizin« etwas für sie wäre (S. 52), und gesteht damit ein, dass sie nicht nur dem ›schwächlichen‹ Werther ähnelt, sondern ›krank‹ ist.

So darf man das knappe Gespräch über die richtige Literatur, ihre Funktion und ihre Aneignung als Hinweis darauf verstehen, dass Loth und Helene zwei getrennten Welten angehören. Wie stark aber die ›Werthernatur‹ Helene den Gedanken an den Selbstmord, den sie nicht Loth, sondern Hoffmann gegenüber äußert (vgl. S. 63), schon verinnerlicht hat, das begreift Loth hier so wenig wie später, und das Drama lässt offen, wie er auf die Nachricht von ihrem Suizid reagieren wird.

3 Weshalb tötet sich Helene? (Akt V, S. 122–124)

Die Frage, weshalb sich Helene am Ende des Dramas das Leben nimmt, mag banal wirken, und sie ist scheinbar schnell beantwortet: weil Loth sie verlassen und ihr in seinem Abschiedsbrief mitgeteilt hat, die Hindernisse, die ihrer Verbindung im Wege stünden, seien »Unübersteiglich!«, und sie könnten sich »Niemals wieder!« sehen (S. 122). Dass aber die Antwort so einfach nicht ist, legt schon die besondere Darstellungsweise nahe, die der Dichter in der letzten Szene seines Dramas entwickelt hat. Die Form, in die der Text nach Hoffmanns entsetztem Abgang zu seinem »totgeboren[en]« Kind übergeht (S. 122), ist so ungewöhnlich, dass sie kaum nur dazu dienen kann, einen vergleichsweise konventionell motivierten Selbstmord aus enttäuschter Liebe zu schildern.

Schaut man zunächst die poetische Machart des Schlusses genauer an, dann fällt auf, dass sie merkwürdig zwischen dramatischer und narrativer Darstellung schwankt. Für sich genommen wäre nicht zu entscheiden, ob es sich um den Ausschnitt aus einem Drama oder einer Erzählung handelt. Es fehlt nämlich ein zentrales Kennzeichen dramatischer Texte: die der Personenrede jeweils vorangestellten, meist nach links ausgerückten und typographisch hervorgehobenen Namen. Nach der Konvention, der auch Hauptmanns *Vor Sonnenaufgang* bis dahin folgt, lässt sich etwa der Name »Loth« in die Anweisung übersetzen: ›Der Darsteller von Loths Rolle spricht die folgenden Worte‹. Zwar macht Hauptmann im gesamten Drama sehr intensiven Gebrauch von (kursiv gedruckten) Regieangaben und lagert einige Male die wörtliche Rede in die langen sogenannten ›Nebentexte‹ ein (etwa S. 40, 46 und 107). Doch am Ende weicht er grundsätzlich vom dramatischen Modus ab, indem er die Sprecher nicht (wie sonst durch Kapitälchen) markiert und die Reden stattdessen durch ›Inquit-Formeln‹ einleitet, wie sie für Erzähltexte typisch sind: »*Sie sieht sich um und ruft leise:* Alfred! Alfred!« (S. 122) oder »*Sie redet ihn an:* Eduard! *Er antwortet:* Gnädiges Fräulein?« (S. 123)

Den ganzen Abschnitt aber als Erzählprosa zu lesen, geht auch nicht an. Dafür finden sich zu viele typische Merkmale des dramatischen Regietextes wie etwa gleich der erste, isoliert stehende elliptische Satz: *»Helene allein.«* (S. 122), später dann: *»Stürzt ab durch die Mitte.«* (S. 122) oder auch: *»Dazwischen die Stimme des Bauern«* (S. 123). Höchst ungewöhnlich wäre es für eine Erzählung des späten 19. Jahrhunderts zudem, dass die ganze Passage im Präsenz statt im ›normalen‹ Erzähltempus Präteritum gehalten ist und dass sie fast nur äußere Aktionen schildert, Helenes innere Erregung aber nur andeutungsweise in Vergleichen anzeigt: *»wie gejagt«*, *»wie eine halb Irrsinige«* (S. 122), *»durchfährt sie eine verzweifelte Energie«*, *»wie auf ein Signal hin«* (S. 123).

Indem Hauptmann in der letzten Szene seines Stücks die Integration erzählerischer Verfahren erprobt, weist er darauf hin, dass sich das Geschehen seiner Überzeugung nach mit den traditionellen Mitteln des Dramas nicht mehr angemessen darstellen lässt. Die Situation, die er auf die Bühne zu bringen hatte, ist von großer Sprachlosigkeit und von der starken Isolation der Personen, besonders Helenes geprägt. Doch das konventionelle Mittel, das einem Dramatiker traditionell zur Verfügung stand, um das Innenleben einer isolierten Figur zu zeigen, konnte Hauptmann nicht gebrauchen. Ein Monolog Helenes hätte nämlich nicht nur den Maximen des Naturalismus widersprochen, der nur Redeformen zulässt, die auch im Alltag gebräuchlich sind. Ein monologisches Sprechen, in dem Helene ihre Verzweiflung einigermaßen gefasst äußern und vielleicht gar den Irrtum einsehen würde, der ihrer Hoffnung auf Loth zugrunde lag, würde auch die psychische Situation der jungen Frau sicher nur ganz unzureichend widerspiegeln: Statt in einem ausgearbeiteten Selbstgespräch über sich selbst zu reflektieren, ruft Helene zunächst dialogisch nach dem vermeintlich noch anwesenden Alfred und redet später kurz mit dem real auftretenden Eduard; die anderen von ihr gesprochenen Worte stammen teils aus Loths Brief, teils sind sie als spontane Reaktion darauf beziehungsweise auf Eduards Bestätigung von Loths Abreise zu deuten. Mit dem Verzicht auf einen Monolog, mit der Überschreitung der begrenzten Möglichkeiten dramatischer Rede und mit dem Gebrauch erzählerischer Mittel eröffnet sich Hauptmann die Chance, gleichzeitig ablaufende und unlösbar verwobene Vorgänge in ihrer Simultanität abzubilden.

Symptomatisch ist vor allem das Ineinander von Helenes vergeblicher Suche nach Alfred Loth und das gleichzeitige Herannahen des Vaters: Der *»Augenblick«* (S. 122), der für sie die grausige Erkenntnis ihrer ausweglosen Gefangenschaft bereithält, ist der, in dem sie das Fenster öffnet, um den Geliebten zu erspähen, aber genau in diesem Moment die gewohnten abstoßenden Floskeln des betrunken heimkehrenden Vaters hören muss. Welche Erniedrigung der jungen Frau, in der eben erst die Hoffnung auf eine erfüllte Liebe erwacht ist, durch die Begegnung mit dem Vater droht, hat sie (und der Zuschauer) durch die hier fast wörtlich wiederholten Rufe des Bauern zu Beginn des zweiten Akts noch traumatisch frisch im Ohr. Dass Helene nicht erst nach der Lektüre von Loths Abschiedsbrief, sondern schon davor, nämlich nach der Wahrnehmung des nahenden Vaters eine panische Stress- und Fluchtattacke erleidet (*»rennt wie gejagt«*, S. 122), zeigt ebenso deutlich, dass ihr Selbstmord komplex motiviert ist, wie die Tatsache, dass sie wiederum nach den *»immer deutlicher«* zu vernehmenden *»Laute[n]«* des Bauern *»wie auf ein Signal hin«*

Xenia Snagowski als Helene, Claus D. Clausnitzer als Krause und Maja Beckmann als Miele am Schauspielhaus Bochum (2012).

aufspringt (S. 123) und in Hoffmanns Zimmer verschwindet, wo sie sich den Todesstoß gibt und wenige Augenblicke später vom Hausmädchen gefunden wird.

Hauptmann überschreitet die konventionelle dramatische Ordnung nacheinander folgender Personenreden nicht, um literarische Virtuosität zu demonstrieren. Vielmehr geht es ihm darum, Helenes Motive für den Selbstmord psychologisch so komplex und zugleich szenisch so eindringlich wie möglich zu gestalten. Ihre ohnehin angeschlagene Psyche musste bereits dadurch stark verstört sein, dass sie die (Loth bei seinem Abgang noch nicht bekannte) Totgeburt aus nächster Nähe miterlebt und dadurch einen unmittelbaren ›Beweis‹ für die Wahrheit der von Loth behaupteten degenerierenden Wirkung des Alkohols erhalten hat. Dass der Anstoß für den Suizid dann in Loths Abschied liegt, den sie schon insgeheim befürchtete, der dann aber doch plötzlich und vor allem bloß schriftlich begründet über sie hereinbricht, ist offensichtlich.

Indem Hauptmann aber zu gleicher Zeit den nur noch von rohen Trieben beherrschten Vater herannahen lässt und Helene so ihr vorgezeichnetes Schicksal vor Augen stellt, künftig als wehrloses Objekt zwischen diesem, ihrem Bräutigam Kahl und dem Schwager Hoffmann zu existieren, zeigt er deutlich an, dass er mit seiner dramatisch-erzählerischen Mischform darauf zielte, Helenes Selbstmord als Beleg für die unausweichliche Macht des Milieus zu inszenieren.

V Literaturgeschichtliche Einordnung

Gerhart Hauptmanns ›soziales Drama‹ *Vor Sonnenaufgang* von 1889 ist das erste Theaterstück, mit dem die deutsche Literatur das Niveau des europäischen Naturalismus erreicht hat. Da der Dichter in wesentlichen thematischen und sprachlichen Aspekten neue Wege gegangen ist, sich aber zugleich an vorhandene Lösungen und Dramenstrukturen angeschlossen hat, ist die Modernität des Werks angemessen nur zu würdigen, wenn man es vor den Hintergrund der dramatischen Tradition stellt und von dort aus seine innovative Kraft bestimmt.

Dass Hauptmann sein Stück der äußeren Form nach eher konventionell aufgebaut hat, wurde oben – unter dem Stichwort der ›aristotelischen Einheiten‹ – vor allem anhand der Gestaltung von Raum und Zeitverlauf nachgezeichnet (vgl. S. 49–55 dieses Bands). Dennoch dichtete Hauptmann alles andere als eine auf die strenge antike Form zurückweisende klassizistische Verstragödie, wie sie in der Weimarer Klassik von Goethe und Schiller sowie dann im 19. Jahrhundert etwa von dem österreichischen Dramatiker Franz Grillparzer verfasst wurden. Die Traditionslinie, in die Hauptmann sich mit seinem dramatischen Erstling stellte, reicht nicht bis in die Antike, aber doch bis in die Aufklärung und den ›Sturm und Drang‹ des 18. Jahrhunderts zurück. In diesen Epochen wurde die dramatische Gattung nämlich dadurch einschneidend erneuert, dass man erstmals in der deutschen Literatur Themen der Gegenwart und des bürgerlichen Standes in ernsthafter Weise auf dem Theater behandelte. Das Drama der Aufklärung prägte vor allem Gotthold Ephraim Lessing, der mit *Miss Sara Sampson* (1755) das in England und Frankreich vorgeprägte ›bürgerliche Trauerspiel‹ auf der deutschen Bühne heimisch machte und das neue Modell zugleich theoretisch begründete. Statt, wie bislang, in der Tragödie mythologisch, historisch oder politisch bedeutsame Themen mit sozial hochstehendem Personal zu behandeln und die mittleren Schichten durch die ›Ständeklausel‹ auszuschließen beziehungsweise in die Komödie zu verbannen, durchbrach Lessing diese Regel, rückte familiär-private Angelegenheiten ins Zentrum seiner Trauerspiele und ließ seine Figuren in einer einigermaßen alltagsnahen Prosasprache reden, um damit dem Publikum die unmittelbare Anteilnahme am dramatischen Geschehen zu ermöglichen und sie durch die Erregung von Mitleid moralisch zu bessern. Während Lessing mit *Miss Sara Sampson* und *Emilia Galotti* (1772) schon private Familienkonflikte zum Tragödienstoff erhoben hatte, waren es dann der ›Sturm und Drang‹-Dichter Jakob Michael Reinhold Lenz und der junge Friedrich Schiller, die mit ihren Stücken *Der Hofmeister* (1774) sowie *Die Soldaten* (1776) und *Kabale und Liebe* (1784) die soziale Realität der deutschen Gegenwart dramatisierten und damit auch für politischen Zündstoff sorgten.

Für die Zukunft des ›Familiendramas‹ und des eng damit verbundenen ›sozialen Dramas‹ war unter anderem entscheidend, dass die Struktur der patriarchalisch geordneten Gesellschaft bevorzugt an dem emotional aufgeladenen Verhältnis von Vater und Tochter aufgezeigt wurde. Weiterentwickelt wurde das Modell von Friedrich Hebbel in seinem ›bürgerlichen Trauerspiel‹ *Maria Magdalena* (1844), das den Handwerksmeister Anton und seine Tochter Klara ins Zentrum stellt, um die rigorosen Moralvorstellungen des Vaters zu problematisieren. Wenn Hauptmann in *Vor Sonnenaufgang* (wie kurz darauf Arno Holz und Johannes Schlaf in *Die Familie Selicke*) nicht nur allgemein einen familiären Konflikt auf die Bühne bringt, sondern auch der Vater-Tochter-Beziehung eine besondere Bedeutung gibt, dann nimmt er demnach eine lange Traditionslinie auf. Zugleich zeigt er aber an seiner völlig geschwächten Vater-Figur, wie wenig der gefallene Familienpatriarch seine einst ordnung- und moralstiftende Funktion noch wahrnehmen kann. Nicht nur mit der Darstellung sich auflösender Sozialstrukturen, sondern vor allem auch mit der Einführung des Dialekts und anderer Sprachregister der Unterschichten ins Drama nahm Hauptmann zudem einen Impuls auf, den Georg Büchner mit seinem 1836/37 entstandenen *Woyzeck* gesetzt hatte. Da dieses Stück Fragment geblieben war und erst nach 1875 öffentlich bekannt wurde, konnten es die Naturalisten fast als zeitgenössisches Werk lesen und sich davon inspirieren lassen – von Hauptmann jedenfalls ist bekannt, dass er in Zürich zum Grab des jüngst für sich entdeckten Dichters wie zu einem »Wallfahrtsort« pilgerte (CA VII, S. 1061), im literarischen Verein ›Durch!‹ einen Vortrag über Büchner hielt und sich für seine ›novellistische Studie‹ *Bahnwärter Thiel* an Büchners Novelle *Lenz* orientiert hat.

Den Maßstab für Hauptmanns dramatischen Erstling bildete aber nicht nur die deutschsprachige Tradition des bürgerlichen Familiendramas und des sozialen Schauspiels von Lessing über Lenz bis hin zu Büchner – zusätzlich anregend war wohl die Gestaltung bäuerlicher Themen etwa bei Ludwig Anzengruber, der seit 1870 etliche sogenannte ›Volksstücke‹ verfasste –, sondern vor allem der aktuelle europäische Naturalismus, den Loth und Helene in ihrem ›Literaturgespräch‹ kurz streifen. Die französische Literatur war, besonders durch die seit 1871 erscheinenden Romane und die theoretischen Schriften Émile Zolas (1840–1908), der deutschen Entwicklung ebenso vorangeschritten wie die norwegische Dichtung. Sie hatte mit Henrik Ibsen (1828–1906) – der zwischen 1869 und 1878 sowie 1885 und 1891 in Deutschland lebte – einen hervorragenden Dramatiker, der mit *Stützen der Gesellschaft* (1877), *Nora oder Ein Puppenheim* (1879) und *Gespenster* (1881) ein Jahrzehnt vor den deutschen Naturalisten schneidend scharfe Analysen der ›Lebenslügen‹ und der verkommenen Moral vorgelegt hatte. Als zentrales Vorbild hebt Hauptmann aber noch in einer 1920 zum zehnten Todestag von Leo Tolstoi (1828–1910) aufgesetzten Rede dessen Drama *Die Macht der Finsternis* (1886) hervor: »Dieses Werk, und ganz allein dieses Werk [...] hat meinem bescheidenen Wirken, soweit es sich um das Drama handelt, die entscheidende Wendung gegeben.« (CA XI, S. 950–960, hier S. 953) Nicht von ungefähr haben Arno Holz und Johannes Schlaf, als sie *Vor Sonnenaufgang* noch vor dem Druck als »das beste Drama« bezeichneten, »das jemals in deutscher Sprache geschrieben worden ist«, das 1887 ins Deutsche übertragene Stück von Tolstoi mit in ihr superlativisches Lob einbezogen (siehe das vollständige Zitat oben, S. 28 dieses Bands). Dass dieses Drama Tolstois für ihren Freund ganz besonders wichtig war, wussten seine beiden naturalistischen Weggefährten spätestens seit dessen Brief vom 12. Februar 1889, in dem es um den Plan eines gemeinsam zu schreibenden Dramas ging, den Hauptmann seit der Lektüre der passagenweise schon fast dramatisch dialogisierten *Papa Hamlet*-Erzählung von Holz und Schlaf verfolgte: »Lesen Sie Tolstoi ›die Macht der Finsterniß‹; Sie werden Ihren naturalistischen Dialog dort finden, vielleicht nicht so ausgebildet wie bei Ihnen.« (Zitiert nach: Berthold, S. 229)

Tatsächlich hat Hauptmann, als er *Vor Sonnenaufgang* dann alleine ausarbeitete, sich nicht nur in der Dialogführung an Tolstoi geschult, sondern mehr noch in der schonungslosen Darstellung verrohter Sitten in einem bäuerlichen Milieu, das durch den Einfluss der aus der Stadt hereindringenden Geldwirtschaft moralisch tief gesunken ist (Parallelen im Inhalt und in der Figurenkonstellation nennt Bellmann, S. 6 f.).

Den jungen Dramatiker Gerhart Hauptmann zeichnet es somit aus, dass er in *Vor Sonnenaufgang* die einheimischen und europäischen Vorgaben der literarischen Tradition und Gegenwart fruchtbar aufgenommen und mit einem höchst aktuellen Thema verbunden hat. Durch die reich kolorierte Ausstattung der Szene, durch treffsichere, in Aussehen und Gestik plastisch gezeichnete Figuren, durch den differenzierten Gebrauch der wörtlichen Rede, die bis zum gröbsten Dialekt hinab sämtliche Sprachregister durchläuft, lotet er die Grenzen der Gattung aus und nutzt alle seinerzeit verfügbaren literarischen Techniken für die Darstellung eines Milieus, in dem er zentrale soziale Fragen seiner Gegenwart bündeln konnte. So ist es nicht vermessen, wenn der Dichter im Rückblick festhält, sein erstes Drama sei »zugleich das erste einer neuen deutschen Epoche« gewesen (CA XI, S. 532).

Die epochale Bedeutung von Hauptmanns Drama zeigte sich aber nicht erst in der literaturgeschichtlichen Rückschau. Vielmehr war *Vor Sonnenaufgang* das Werk, mit dem die Gruppe der Berliner Naturalisten erstmals die nur in geschlossenen Zirkeln geführten Debatten des Vereins ›Durch!‹ hinter sich lassen und vor eine breitere Öffentlichkeit treten konnte. Entscheidend dafür war die im April 1889 erfolgte Gründung des Vereins ›Freie Bühne‹, der den »Zweck« hatte, »frei […] von Rücksichten auf Theatercensur und Gelderwerb« für die Vereinsmitglieder die »Aufführungen moderner Dramen von hervorragendem Interesse« zu organisieren (Programmtext der ›Freien Bühne‹; zitiert nach: Schley, S. 27). Auf diesem Forum aber konnte der bis dahin kaum bekannte Hauptmann erstmals einen Platz in der Reihe der großen europäischen Naturalisten einnehmen. Nachdem die ›Freie Bühne‹ nämlich am 29. September 1889 mit Henrik Ibsens Drama *Gespenster* eröffnet worden war, kam Hauptmanns Werk – noch vor Leo

Verein Freie Bühne.

Sonntag, den 20. October 1889.

Vor Sonnenaufgang.

Soziales Drama in fünf Aufzügen von **Gerhart Hauptmann.**

Krause, Bauerngutsbesitzer	Hans Pagay.
Frau Krause, seine zweite Frau	Louise von Pöllnitz.
Helene, Krause's Tochter erster Ehe	Elsa Lehmann.
Hoffmann, Ingenieur, verheirathet mit Krause's anderer Tochter erster Ehe	Gustav Kadelburg.
Wilhelm Kahl, Neffe der Frau Krause	Carl Stallmann.
Frau Spiller, Gesellschafterin bei Frau Krause	Ida Stägemann.
Alfred Loth	Theodor Brandt.
Dr. Schimmelpfennig	Franz Guthery.
Beibst, Arbeitsmann auf Krause's Gut	Paul Pauly.
Guste, Mägde auf Krause's Gut	Sophie Berg.
Liese, Mägde auf Krause's Gut	Clara Hayn.
Marie, Mägde auf Krause's Gut	Antonie Ziegler.
Baer, genannt Hopslabaer	Ferdinand Meyer.
Eduard, Hoffmann's Diener	Edmund Schmasow.
Miele, Hausmädchen bei Frau Krause	Helene Schüle.
Die Kutschenfrau	Marie Gundra.
Golisch, genannt Gosch, Kuhjunge	Georg Baselt.

Ort der Handlung: ein Dorf in Schlesien.

Regie: Hans Meery.

Nach dem ersten Akt findet eine Pause statt.

Theaterzettel der Uraufführung von Hauptmanns Erstlingswerk.

Tolstois am 26. Januar 1890 gegebener *Macht der Finsternis* – als erstes deutschsprachiges Originaldrama am 20. Oktober 1889 in den Räumen des Lessingtheaters Berlin zur Uraufführung.

VI Rezeption

Als Hauptmanns Drama erstmals über die Bühne ging, lag das Werk schon gut zwei Monate als gedrucktes Buch vor. Die Anfänge seiner Wirkungsgeschichte markiert also keine Inszenierung, sondern die kritische Auseinandersetzung mit dem zuerst als ›Lesedrama‹ rezipierten Text. Diese Form der Rezeption hat Hauptmann selbst entscheidend angestoßen, denn der junge Dichter war ein ebenso kontaktfreudiger wie geschickter ›Selbstvermarkter‹: Er verschenkte »eine große Anzahl von Exemplaren« des eben erschienenen Buchs, dokumentierte die Adressaten in einer handschriftlichen Liste von »80 Namen von Personen oder Körperschaften« und sammelte die seit dem 18. August 1889 reichlich eingehenden Antworten akribisch in seinem Tagebuch (Notiz-Kalender, S. 153–180 und 383–385, hier zitiert S. 383). Dass die engsten Vertrauten auf das literarische Debüt euphorisch reagierten und – wie etwa der viereinhalb Jahr ältere Bruder Carl – Gerharts »erste Tat für die Unsterblichkeit« höchst »erfreut« aufnahmen (ebenda, S. 153), ist kaum erstaunlich. Ebenso konnte man erwarten, dass naturalistische Weggefährten an der »Darstellung des Lebens«, der »Sittenschilderung«, der »Behandlung des Dialoges« nichts »auszusetzen« wussten und dem Drama »selbst auf der Bühne« eine gute Wirkung vorhersagten (so Julius Hart am 19. August 1889; ebenda, S. 154 und 156). Interessanter ist dagegen schon, dass Loths Verhaltensweise von früh an zum Zankapfel der Leser geworden ist. Während Alfred Ploetz, ohne auf die Parallelen zu seiner eigenen Vita einzugehen, Loths Charakter für »übertrieben« hielt, ihn einen »gräßliche[n] Kerl in seiner Korrektheit« nannte und auch wenig später bei seiner »Mißbilligung eines kaltherzigen Prinzipienmenschen« geblieben ist (Briefe vom 26. August und 3. September 1889; ebenda, S. 160 und 165), hob Johannes Schlaf hervor, Hauptmann habe mit »Loth einen in jeder Beziehung *ganzen* Menschen geschaffen« und in die »schwache, […] halbkranke Literaturmenschheit von heutzutage […] ein herzerfrischendes, gesundes Stück Positivismus gesetzt« (Brief vom 21. August 1889; ebenda, S. 157 f.).

Entscheidend für Hauptmanns Karriere war aber, dass ihm seine ›Werbeaktion‹ einflussreiche Gönner verschaffte, darunter auch solche der älteren Generation, auf deren Beifall er nicht unbedingt hoffen konnte. Der wichtigste unter ihnen war der Romancier Theodor Fontane (1819–1898), der zwischen 1870 und 1889 als Theaterkritiker der angesehenen *Vossischen Zeitung* fungierte. Er gratulierte zunächst Hauptmanns Verleger dazu, »etwas so Hervorragendes ediert zu haben«, das man Ibsen an die Seite stellen müsse (an Paul Ackermann, 8. September 1889; ebenda, S. 169); und als Hauptmann im Dankbrief vom 12. September 1889 meinte, er freue sich besonders über Fontanes Lob, weil es doch von einem »prinzipiellen Gegner« der von ihm vertretenen naturalistischen »Richtung« stamme (ebenda, S. 394), stellte Fontane, der Repräsentant des ›poetischen Realismus‹, noch am gleichen Tag fest, er sei über alle ästhetischen Kämpfe hinweg allein »dem Lebens- und Wahrheitsvollen, dem Phrasenlosen und Ungeschminkten in der Kunst […] zugetan«, sodass er sich mit Überzeugung für die Annahme von *Vor Sonnenaufgang* bei der ›Freien Bühne‹ einsetzen könne (ebenda, S. 172 f.).

Solche Urteile bahnten den Weg für die Inszenierung des Stücks, die sogleich in der Presse verkündet wurde. Da sich aber unter den Mitgliedern des Bühnenvereins, die mit ihrem Beitrag das Recht auf den Aufführungsbesuch erwarben, längst nicht nur Naturalisten, sondern auch viele konservative Bildungsbürger befanden, war ein angespannter und unruhiger Premierenabend vorprogrammiert – zumal bei jenen, die das Drama schon gelesen hatten und von seiner Schilderung roher Sitten schockiert waren. Sie ignorierten daher auch, dass die Regie einige der anstößigsten Stellen gemildert oder gestrichen hatte (vergleiche die Hinweise bei Schley, S. 50–52), und zettelten in der Uraufführung einen heftigen Theaterskandal an, indem sie Zwischenrufe platzierten wie »Sind wir hier in einem Bordell?« (dokumentiert in: Naturalismus vor Gericht, S. 134); während des Schlussakts, in dem das aufklärende Gespräch immer wieder wegen der schwierigen Entbindung unterbrochen wird, protestierte gar ein Arzt mit einer Geburtszange gegen die seiner Ansicht nach ungehörige Behandlung solcher Themen auf dem Theater.

Derselbe [der Beklagte Dr. Kastan, dessen Ausschluss aus dem Verein ›Freie Bühne‹ der Vorstand gerichtlich durchsetzen wollte] hat an der Besprechung des Geburtsactes auf der Bühne (– das Wimmern der Kreisenden ist bei der Aufführung weggelassen worden –) Anstoß genommen und seinem Gefühle dadurch Ausdruck gegeben, daß er eine geburtshilfliche Zange, die er vorbedachterweise mitgenommen, hervorholte und in die Höhe hob. Er brachte damit das, worüber auf der Bühne nur geredet wurde, im Zuschauerraum zur *thatsächlichen* Anschauung, outrirte sogar damit das auf der Bühne Vorgegangene und verpflanzte, wenn man die Vorgänge auf der Bühne als anstößig ansehen will, die Anstößigkeit mitten in den Zuschauerraum hinein.

Darin liegt aber eine Roheit, die der Verfasser des Stückes nicht zu verantworten hat. Es liegt darin ferner eine Handlung, die dem Zwecke des Vereins: Anderen dramatische Vorstellungen vorzuführen, zuwiderläuft, weil diese Anderen gekommen waren, sich das Stück anzusehen, nicht aber die Zange des Beklagten.

Aus der Urteilsbegründung im Vereinsausschlussverfahren gegen Dr. Kastan; zitiert nach: Naturalismus vor Gericht, S. 134.

Entsprechend erregt gebärdete sich die konservative Presse: Man forderte, auch einem privaten Verein wie der ›Freien Bühne‹ müsse die Vorstellung einer solchen »Zotenposse« untersagt werden, ereiferte sich über die Aufführung des »wüsten formlosen und rohen Schnapsdramas«, das »eine Versündigung gegen Sitte, Gefühl und Geschmack« darstelle, mit »Unfläthigkeiten [...] reich gesegnet« sei und wohl das »Abstoßendste« genannt werden müsse, was »eine geübte Realisten-Phantasie ersinnen« könne (alle Zitate nach Schley, S. 46 f.). In jeder Hinsicht vernünftig abwägend formulierte dagegen wiederum Theodor Fontane sein Urteil. Am Tag nach der Aufführung erinnert er sich zunächst zurück an seinen Leseeindruck – Hauptmann als »Erfüllung Ibsens«, der dessen hohe Kunst der Charakterisierung und dessen »kunstvolle Schlichtheit der Sprache« zeige, aber zugleich die »philosophisch romantischen Marotten« des Norwegers vermeide –, um davon den frischen Eindruck der Aufführung zu unterscheiden: Dass erstaunlicherweise gerade die Stellen, von denen er sich eine »kunstrevolutionäre Wirkung versprochen hatte, ziemlich spurlos vorübergingen«, erklärt Fontane sich weniger mit den bei der Inszenierung vorgenommenen Milderungen als vielmehr mit der grundsätzlichen Schwierigkeit, »daß der Realismus, auch der künstlerischste, wenn er aus dem Buch auf die Bretter tritt, doch gewissen Bühnengesetzen unterworfen bleibt, und daß Züge des lebendigen Lebens, die dem realistischen Roman, auch wenn sie häßlich sind, zur Zierde gereichen, auf der Bühne prosaisch wirken, wenn man ihnen die Locken ihrer Kraft nimmt, oder abstoßend, wenn man ihnen ihre Echtheit beläßt« (Fontane, S. 820–822).

Richtig prophezeit hat Fontane nicht nur, dass mit der Premiere von *Vor Sonnenaufgang* einer der einflussreichsten und wandlungsfähigsten Dichter der kommenden Zeit die Bühne und die literarische Szene betreten hatte: »Über Hauptmanns

Drama wird noch viel gestritten [...] werden, aber über eines wird nicht gestritten werden können, über den Dichter selbst« (Fontane, S. 824). Mit seiner Unterscheidung zwischen dem im »Buch« enthaltenen Lesedrama und seiner Versetzung »auf die Bretter« des Theaters hat Fontane aber auch vorausgesehen, dass die Nachwirkung von Hauptmanns Stück langfristig uneinheitlich verlaufen ist.

Anders als bei den großen Bühnenerfolgen des 20. Jahrhunderts – wie etwa Friedrich Dürrenmatts Komödie *Die Physiker*, die seit ihrer Uraufführung von 1962 über Jahrzehnte hinweg dauerhaft auf den Bühnen der Welt geblieben ist – lässt sich für *Vor Sonnenaufgang* keine ähnlich durchgehende theatralische Erfolgsgeschichte nachzeichnen. Zwar wurde das Stück in den ersten Jahren nach der ›privaten‹ Premiere im Verein ›Freie Bühne‹ mehrfach auch auf öffentlichen Theatern nachgespielt, dort aber mit Rücksicht auf Zensur und Zuschauergeschmack einschneidend abgemildert (siehe etwa Notiz-Kalender, S. 405–408). *Vor Sonnenaufgang* bereitete mit seiner skandalösen ›Initialzündung‹ den Siegeszug des Naturalismus auf den Theatern vor, konnte davon aber viel weniger profitieren als etwa das knapp sechs Wochen nach Hauptmanns sozialem Drama ebenfalls im Berliner Lessingtheater uraufgeführte Stück *Die Ehre* von Hermann Sudermann (1857–1928), das mit seinem fast operettenhaften Schluss die ernsten sozialen Konflikte zwischen einem Berliner Vorder- und Hinterhaus publikumsgerecht ›glattbügelte‹. Nicht zuletzt war es Hauptmann selbst, der – um nur die bedeutendsten naturalistischen Nachfolger seines dramatischen Erstlings zu nennen – mit *Die Weber* (1893 privat, 1894 öffentlich uraufgeführt), *Der Biberpelz* (Premiere 1893) und *Die Ratten* (Premiere 1911) den Erfolg von *Vor Sonnenaufgang* deutlich in den Schatten stellte. Entsprechend geriet die »Gedenkvorstellung der ›Freien Bühne‹«, die man zum zwanzigsten Gründungsjahr im

November 1909 wiederum mit *Vor Sonnenaufgang* bestritten hat (siehe Schley, S. 125–128), mehr zu einem nostalgischen Rückblick auf einen vergangenen Kampf als zu einem Signal für eine neue Bühnenkarriere des Pionierstücks.

Da *Vor Sonnenaufgang* nach der umstrittenen Uraufführung nicht zu einem Repertoirestück geworden ist und da Hauptmanns Werke im Nationalsozialismus zwar nicht grundsätzlich verboten, aber aufgrund ihrer meist pessimistischen Menschendarstellung doch weitgehend von den Bühnen verdrängt worden sind, musste sein dramatischer Erstling von den Regisseuren der Nachkriegszeit bis zur Gegenwart immer wieder neu entdeckt werden: »Aufregende Ausgrabung« titelte in diesem Sinne die FAZ vom 6. Mai 1954 in ihrer Besprechung zur damaligen Düsseldorfer Neuinszenierung. Weil sich die anspruchsvolle Regiekunst der jüngeren Zeit immer weiter vom naturalistischen Darstellungsstil entfernte, konnte für ambitionierte Theater eine werkgetreue Nachbildung des von Hauptmann vorgesehenen Bühnenbildes nicht mehr in Frage kommen. Neuere Regisseure, wie vor allem Einar Schleef in seiner viel beachteten Einstudierung am Frankfurter Schauspiel von 1987, leerten die Bühne daher radikal von allem ›authentischen‹ Milieu, um *Vor Sonnenaufgang* als extremes »Sprechmaterial« zu erkunden und die im Stück enthaltenen »psychischen Dispositionen«, die zwischen den Personen herrschende »Gewalt« herauszuarbeiten (so Gerhard Rohde in der FAZ vom 6. April 1987; Rolf Michaelis, der Kritiker der ZEIT vom 10. April 1987, war angesichts der heftigen »Sprach-Eruption« dieser Inszenierung hingegen versucht, sich »dem optischen und akustischen Terror [...] zu entziehen«). Dass bis in die Gegenwart hinein bedeutende Theatermacher Hauptmanns *Vor Sonnenaufgang* als ein widerständiges, heute nicht mehr einfach nachzuspielendes, aber doch große schauspielerische Energien freisetzendes Stück Dramenliteratur genutzt haben, zeigen die in den vorliegenden Band aufgenommenen Szenenbilder aus den Inszenierungen von Andreas Kriegenburg (Deutsches Theater Berlin, 2000, siehe die Abbildungen auf den Seiten 47, 89 und 103), Thomas Ostermeier (Kammerspiele München, 2005, siehe das Covermotiv und Seite 43), David Bösch (Thalia Theater Hamburg, 2009, siehe die Seiten 37, 61 und 71) und Anselm Weber (Schauspielhaus Bochum, 2012, siehe die Seiten 41, 95 und 107).

Einen insgesamt festeren Platz als auf der Theaterbühne hat *Vor Sonnenaufgang* im literarischen Kanon. Zwar hat sich das Sprechstück offenbar keine anderen Medien erobern können – Opern- und Hörspielfassungen sind nicht bekannt, eine 1949 geplante amerikanische Verfilmung wurde nicht realisiert und ein Fernsehfilm von Oswald Döpke, der 1976 zu Hauptmanns 30. Todestag zur besten Sendezeit im ARD gelaufen ist (Sonntag, 6. Juni, 20:15 Uhr), hält sich recht eng an seine dramatische Vorlage –, doch zeugt die früh einsetzende Reihe der Übertragungen in fremde Sprachen von seiner weiten Verbreitung: Bereits im ersten Jahrzehnt des 20. Jahrhunderts (bevor Hauptmann durch den Literaturnobelpreis in den Rang eines Klassikers aufstieg) wurde *Vor Sonnenaufgang* ins Französische (1900), Russische (1901), Bulgarische (1908), Ukrainische (1908), Englische (1909) und Lettische (1909) übersetzt. Sogar chinesische und japanische Fassungen des Stücks lagen schon in den 1920er-Jahren vor.

Als mindestens mittelbare Wirkung von Hauptmanns naturalistischem Pionierstück darf man zuletzt die Geschichte des sozialen Dramas in der deutschen Literatur verbuchen, die seit dem späten 19. Jahrhundert wechselnde Konjunkturen erlebt hat: Die erste Phase setzte gleich nach der Premiere von 1889 ein. Während Hauptmanns engste Kollegen und erste begeisterte Leser, Arno Holz und Johannes Schlaf, in *Die Familie Selicke* (1890) eine ähnlich problematische Vater-Tochter-Beziehung wie in *Vor Sonnenaufgang* gestalten, mit der pedantischen Genauigkeit ihrer sprachlich-szenischen Milieunachbildung aber sogar noch über Hauptmann hinausgehen, zeugt ein paar Jahre später schon der Titel *Dämmerung*, den Elsa Bernstein ihrem 1894 (unter dem Pseudonym Ernst Rosmer) veröffentlichten Drama gegeben hat, von der epochemachenden Wirkung von Hauptmanns Stück. Selbst Parodien – Conrad Albertis *Im Suff* (1890) spielt mit dem Requisit der Geburtszange, das in der *Vor Sonnenaufgang*-Premiere den Skandal zum Höhepunkt geführt hatte – belegen die große Ausstrahlung des ersten sozialen Dramas in der deutschen Literatur. Nach dem antinaturalistischen Expressionismus (1910–1920) spielte die dramatische Nachbildung der Realität in der Weimarer Zeit erneut eine größere Rolle: Die bedeutendsten Stücke dieser Zeit stammen von Marieluise Fleißer (*Fegefeuer in Ingolstadt*, 1924; *Pioniere in Ingolstadt*, 1928/29) und Ödön von Horváth (*Glaube Liebe Hoffnung*, 1932). Zu einer Renaissance des sozialen Dramas kam es dann erst wieder in der politisch engagierten Literatur der 1970er-Jahre, vor allem durch die Stücke des produktiven Dramatikers Franz Xaver Kroetz (zum Beispiel *Heimarbeit*, 1971; *Nicht Fisch nicht Fleisch*, 1981). Selbst Autoren und Autorinnen der Gegenwart – wie etwa Dea Loher und Nis-Momme Stockmann, Ewald Palmetshofer und Philipp Löhle – scheinen mit ihren thematisch aktuellen Sozialdramen noch in der Nachfolge von *Vor Sonnenaufgang* zu stehen, indem sie außerhalb des Milieus stehende Beobachterfiguren einsetzen, die von ferne an Alfred Loth erinnern.

Auswahlbibliographie

Textausgabe

HAUPTMANN, GERHART: Vor Sonnenaufgang. Soziales Drama. 32. Auflage. München: Econ Ullstein List Verlag 2001. (Aus dem Stück wird nach dieser Ausgabe durch Angabe der Seitenzahl zitiert.)

Weitere Quellen

BEHL, C[arl] F[riedrich] W[ilhelm]: Zwiesprache mit Gerhart Hauptmann. Tagebuchblätter. München: Verlag Kurt Desch [1949] (zitiert als: Behl).

BÖLSCHE, WILHELM: Die naturwissenschaftlichen Grundlagen der Poesie. Prolegomena [›Vorüberlegungen‹] einer realistischen Ästhetik. Mit zeitgenössischen Rezensionen und einer Bibliographie der Schriften Wilhelm Bölsches neu herausgegeben von JOHANNES J. BRAAKENBURG. München: Deutscher Taschenbuch Verlag, und Tübingen: Max Niemeyer Verlag 1976 (zitiert als: Bölsche).

BOHNEN, KLAUS: Georg Brandes im Briefwechsel mit Gerhart Hauptmann und Hugo von Hofmannsthal. In: Jahrbuch der Deutschen Schillergesellschaft 23 (1979), S. 51–83 (zitiert als: Bohnen).

FONTANE, THEODOR: Hauptmann. Vor Sonnenaufgang [Besprechung]. In: THEODOR FONTANE: Werke, Schriften und Briefe. Herausgegeben von WALTER KEITEL und HELMUTH NÜRNBERGER. Abteilung III: Aufsätze. Kritiken. Erinnerungen. Band 2: Theaterkritiken. Herausgegeben von SIEGMAR GERNDT. München: Carl Hanser Verlag 1969, S. 817–824 (zitiert als: Fontane).

HAUPTMANN, GERHART: Notiz-Kalender 1889 bis 1891. Herausgegeben von MARTIN MACHATZKE. Frankfurt am Main, Berlin und Wien: Propyläen-Verlag 1982 (zitiert als: Notiz-Kalender).

HAUPTMANN, GERHART: Sämtliche Werke. Centenar-Ausgabe. Herausgegeben von HANS-EGON HASS u. a. 11 Bände. Frankfurt am Main, Berlin und Wien: Propyläen-Verlag 1962–1974 (zitiert

als: CA; Bandangabe in römischer Ziffer und Seitenangabe in arabischer Ziffer).
HOLZ, ARNO / SCHLAF, JOHANNES: Papa Hamlet. Ein Tod. Im Anhang: »Ein Dachstubenidyll« von Johannes Schlaf. Mit einem Nachwort von FRITZ MARTINI. Stuttgart: Reclam Verlag 1963 (zitiert als: Holz/Schlaf: Papa Hamlet).
Der Naturalismus vor Gericht. In: Freie Bühne für modernes Leben 1 (1890), Heft 5, 5. März 1890, S. 132–134 (zitiert als: Naturalismus vor Gericht).
WEDEKIND, FRANK: Die Tagebücher. Ein erotisches Leben. Herausgegeben von GERHARD HAY. Frankfurt am Main: Athenäum Verlag 1986 (zitiert als: Wedekind).

Überblicksdarstellungen zu Gerhart Hauptmann und Studien zum Naturalismus

BERTHOLD, SIEGWART: Der sogenannte »konsequente Naturalismus« von Arno Holz und Johannes Schlaf. Dissertation Bonn 1967 (zitiert als: Berthold).
BLEICH, ERNST HERBERT: Der Bote aus der Fremde als formbedingender Kompositionsfaktor im Drama des deutschen Naturalismus. (Ein Beitrag zur Dramaturgie des Naturalismus.) Berlin 1936.
GÜNTHER, KATHARINA: Literarische Gruppenbildung im Berliner Naturalismus. Bonn: Bouvier Verlag Herbert Grundmann 1972.
REQUARDT, WALTER / MACHATZKE, MARTIN: Gerhart Hauptmann und Erkner. Studien zum Berliner Frühwerk. Berlin: Erich Schmidt Verlag 1980 (zitiert als: Requardt/Machatzke).
SCHLEY, GERNOT: Die Freie Bühne in Berlin. Der Vorläufer der Volksbühnenbewegung. Ein Beitrag zur Theatergeschichte in Deutschland. Berlin: Haude & Spenersche Verlagsbuchhandlung 1967 (zitiert als: Schley).
SPRENGEL, PETER: Gerhart Hauptmann. Epoche – Werk – Wirkung. München: Verlag C. H. Beck 1984 (Arbeitsbücher zur Literaturgeschichte) (zitiert als: Sprengel: Arbeitsbuch).

Sprengel, Peter: Gerhart Hauptmann. Bürgerlichkeit und großer Traum. Eine Biographie. München: Verlag C. H. Beck 2012 (zitiert als: Sprengel: Biographie).

Wack, Edith: »Noch einmal Bjarne P. Holmsen«. Anlässlich eines neuaufgefundenen Manuskripts von Gerhart Hauptmann zu »Papa Hamlet«. In: Jahrbuch der Deutschen Schillergesellschaft 54 (2010), S. 30–59 (zitiert als: Wack).

Interpretationen zu Hauptmanns »Vor Sonnenaufgang«

Baseler, Hartmut: Gerhart Hauptmanns soziales Drama »Vor Sonnenaufgang« im Spiegel der zeitgenössischen Kritik. Eine rezeptionsgeschichtliche Modellanalyse: Karl Frenzel, Theodor Fontane, Karl Bleibtreu, Wilhelm Bölsche. Dissertation Kiel 1993.

Bellmann, Werner: Gerhart Hauptmann: »Vor Sonnenaufgang«. Naturalismus – soziales Drama – Tendenzdichtung. In: Dramen des Naturalismus. Interpretationen. Stuttgart: Reclam Verlag 1988, S. 7–46 (zitiert als: Bellmann).

Elm, Theo: Gerhart Hauptmann: »Vor Sonnenaufgang«. Soziales Drama (1889). Macht des Milieus – Freiheit des Handelns? In: Theo Elm: Das soziale Drama. Von Lenz bis Kroetz. Stuttgart: Reclam Verlag 2004, S. 155–169 (zitiert als: Elm).

Martin, Dieter: »Ein Buch für Schwächlinge«. »Werther«-Allusionen in Dramen des Naturalismus. In: Zeitschrift für deutsche Philologie 122 (2003), S. 237–265 (zitiert als: Martin).

Niewerth, Heinz-Peter: Die schlesische Kohle und das naturalistische Drama: Gerhart Hauptmanns »Vor Sonnenaufgang« – Ideologie, Konfiguration und Ideologiekritik. In: Die dramatische Konfiguration. Herausgegeben von Karl Konrad Polheim. Paderborn u. a.: Schöningh Verlag 1997, S. 211–244.

Zimmermann, Rolf C.: Hauptmanns »Vor Sonnenaufgang«. Melodram einer Trinkerfamilie oder Tragödie menschlicher Blindheit? In: Deutsche Vierteljahrschrift für Literaturwissenschaft und Geistesgeschichte 69 (1995), S. 494–511.

Über den Autor

Dieter Martin studierte in Erlangen und Heidelberg Germanistik und Musikwissenschaft. Promotion 1992 in Heidelberg mit einer Arbeit über das deutsche Versepos im 18. Jahrhundert. Habilitation 1998 in Freiburg mit einer Studie zur Rezeption der deutschen Barockliteratur. Seit 1993 als Hochschullehrer am Deutschen Seminar der Universität Freiburg tätig, seit 2007 als Vertreter des Lehrstuhls für Neuere deutsche und vergleichende Literaturgeschichte.

Forschungsschwerpunkte: Literatur des Barock (Grimmelshausen) und des 18. Jahrhunderts (Wieland); Literatur und Musik von der Goethezeit bis in die Moderne; Drama; Rezeption der Antike in der deutschen Literatur. Verfasser von zahlreichen Aufsätzen zur deutschen Literaturgeschichte des 16. bis 20. Jahrhunderts, Mitherausgeber der Anthologien *Mythos Ikarus* (1998) und *Mythos Pygmalion* (2003) und diverser Sammelbände (*Gefühlskultur in der bürgerlichen Aufklärung*, 2004; *Philipp von Zesen*, 2008; *Lied und Lyrik um 1900*, 2010; *Die europäische Banise*, 2013). Innerhalb der Reihe »Schroedel Interpretationen« hat Dieter Martin die Bände zu *Friedrich Dürrenmatt: Die Physiker* (47712) und *Friedrich Schiller: Kabale und Liebe* (47723) verfasst.

Bildquellenverzeichnis

Titelbild: Julia Jentsch als Helene und Peter Brombacher als Bauerngutsbesitzer Krause in Thomas Ostermeiers Inszenierung von Gerhart Hauptmanns »Vor Sonnenaufgang« an den Münchner Kammerspielen (Premiere am 31. Mai 2005).
Foto: © Andreas Pohlmann, München
S. 9: © ullstein bild – ullstein bild
S. 18: Digitalisat nach dem Exemplar der »Frankfurter Zeitung« in der Bayerischen Staatsbibliothek München
S. 20: wikimedia
S. 27: © ullstein bild – Süddeutsche Zeitung Photo / Scherl
S. 37, 61 und 71: © Hans Jörg Michel
S. 41, 95 und 107: © Diana Küster
S. 43: © Andreas Pohlmann, München
S. 47 und 103: © Iko Freese / DRAMA
S. 50 und 51: Digitalisat nach dem Exemplar der Erstausgabe des Dramas in der Niedersächsischen Staats- und Universitätsbibliothek Göttingen
S. 77 und 114: © akg-images
S. 89: © ullstein bild – Will

Textquellenverzeichnis

S. 11, 23, 28, 66, 69, 70, 72, 75, 79, 82, 98 und 100: Gerhart Hauptmann: Sämtliche Werke, herausgegeben von Hans-Egon Hass. © 1996 Propyläen Verlag in der Ullstein Buchverlage GmbH, Berlin.

Bereits erschienen:

Alfred Andersch: *Sansibar oder der letzte Grund* (47726)
Bertolt Brecht: *Die Dreigroschenoper* (47738)
Bertolt Brecht: *Leben des Galilei* (47702)
Georg Büchner: *Dantons Tod* (47719)
Georg Büchner: *Woyzeck* (47708)
Friedrich Dürrenmatt: *Der Besuch der alten Dame* (47706)
Friedrich Dürrenmatt: *Die Physiker* (47712)
Theodor Fontane: *Effi Briest* (47707)
Theodor Fontane: *Irrungen, Wirrungen* (47722)
Max Frisch: *Homo faber* (47718)
Johann Wolfgang von Goethe: *Die Leiden des jungen Werther* (47701)
Johann Wolfgang von Goethe: *Faust I* (47721)
Johann Wolfgang von Goethe: *Iphigenie auf Tauris* (47715)
Günter Grass: *Im Krebsgang* (47730)
Franz Kafka: *Der Proceß* (47703)
Franz Kafka: *Die Verwandlung* (47727)
Heinrich von Kleist: *Das Erdbeben in Chili* (47709)
Heinrich von Kleist: *Die Marquise von O…* (47734)
Heinrich von Kleist: *Michael Kohlhaas* (47705)
Heinrich von Kleist: *Prinz Friedrich von Homburg* (47713)
Wolfgang Koeppen: *Tauben im Gras* (47714)
Christian Kracht: *Faserland* (47729)
Gotthold Ephraim Lessing: *Emilia Galotti* (47724)
Thomas Mann: *Buddenbrooks* (47716)
Thomas Mann: *Der Tod in Venedig* (47728)
Thomas Mann: *Mario und der Zauberer* (47717)
Joseph Roth: *Hiob* (47731)
Friedrich Schiller: *Die Jungfrau von Orleans* (47737)
Friedrich Schiller: *Don Karlos* (47704)
Friedrich Schiller: *Kabale und Liebe* (47723)
Friedrich Schiller: *Maria Stuart* (47700)
Arthur Schnitzler: *Leutnant Gustl* (47710)
Arthur Schnitzler: *Traumnovelle* (47711)
Sophokles: *Antigone* (47735)
Peter Stamm: *Agnes* (47720)

Folgende weitere Bände der Reihe »Schroedel Interpretationen« erscheinen 2013:

Bertolt Brecht: *Der gute Mensch von Sezuan* (47739; Sommer 2013)
E. T. A. Hoffmann: *Der Sandmann* (47725; Winter 2013)
Daniel Kehlmann: *Die Vermessung der Welt* (47736; Winter 2013)
Gotthold Ephraim Lessing: *Nathan der Weise* (47732; Sommer 2013)

Inhaltsverzeichnisse und **Probeseiten** finden Sie unter: http://www.schroedel.de/Interpretationen

Eine Auswahl von Lektüren der Reihe Texte.Medien (Textausgaben mit Materialien)

Die einzelnen Bände werden jeweils durch **Arbeitshefte, Informationen für Lehrerinnen und Lehrer** und zum Teil **mediales Zusatzangebot** ergänzt:

Georg Büchner: *Dantons Tod* (47022)
Georg Büchner: *Woyzeck* (47028)
Johann Wolfgang von Goethe: *Iphigenie auf Tauris* (47422)
Heinrich von Kleist: *Michael Kohlhaas* (47027)
Friedrich Schiller: *Kabale und Liebe* (47423)
Arthur Schnitzler: *Traumnovelle* (47006)

Weitere Titel sowie eine Übersicht zu geplanten neuen Textausgaben finden Sie unter: www.schroedel.de/textemedien